21世紀の
軍備管理論

岩田修一郎 著
防衛大学校教授

芙蓉書房出版

はじめに

軍備管理とは何か

「軍備管理」は国家の軍備の規制や削減を意味する安全保障の用語であり、無制限な軍拡競争を抑制し、国際社会の安定を維持するためにとられる措置である。軍備の大幅削減あるいは廃棄を意味する「軍縮」という言葉のほうが広く知られており、「軍備管理・軍縮」というように両者がセットで用いられることも多い（軍備管理の定義や軍縮との異同については第1章2で取り上げる）。国際社会には軍備管理を目的として様々な条約と制度が存在する。短銃や機関銃のような小型武器から、核兵器や化学・生物兵器のような大量破壊兵器まで、兵器のコントロールに関わる問題はすべて軍備管理のテーマである。日々のニュースでわれわれが目にする安全保障問題の多くは、軍備管理に関連している。例えば北朝鮮の核実験は、核不拡散条約（NPT）という軍備管理条約に挑戦する行動である。NPT は世界の大多数の国が加入している軍備管理条約であり、国際社会のルールになっている。安全保障問題を正しく理解するためには、国際社会のルールを知る必要があり、軍備管理に関する知識と理解が求められる。

本書の目的

本書の目的の一つは、多くの領域に分かれている軍備管理の「全体像」を示すことである。日本の外務省が数年ごとに刊行する『日本の軍縮・不拡散外交』（最新版は2016年3月）には、軍備管理の現在の状況と日本の対応が説明されており、個別の分野の概要を把握する上で最もハンディな資料であるが、私は安全保障の一研究者として軍備管理問題の歴史的変遷を振り返り、自分の問題関心を軸にして全体状況を分析したい。軍備管理の研究は細分化されており、一人の研究者が全ての領域を扱うことは無謀かもしれないが、多数の先行研究をしっかり読み込めば、各領域の基本的な事実と論点を把握することは可能であると考えた。軍備管理の諸分野は相互に関連している部分があり、他の分野の軍備管理の状況や研究動向を知る

必要があると思われる。軍備管理の諸条約と制度を包括的に概観し、軍備管理の全体的なピクチャーを描いてみたい。

本書の第二の目的は、軍備管理の「パラダイムの変化」について考察することである。パラダイムとは、「ある時代に支配的な物の考え方や認識の枠組み」である。現存する軍備管理の条約や制度の多くは、冷戦時代に成立したものである。数十年の歳月が流れる間に国際政治の状況は大きく変動し、軍備管理の対象となる兵器の種類は増え、兵器の技術も変化した。条約・制度が成立した当時は想定されていなかった問題が次々浮上し、新しい思考とアプローチが求められている。今日の状況に合う対策を立案していくためには、従来の思考の枠組みを再吟味し、新しいパラダイムを見つけ出す必要があると思われる。

本書の構成

本書は、軍備管理の全分野に共通する基本的要素を論じた「軍備管理総論」（第1章から第4章まで）と、軍備管理の個別の分野を概説した「軍備管理各論」（第5章から第10章まで）の二部構成になっている。総論を設けたのは、本書の目的を達成するためにいくつかの分析視角を設定する必要があると考えたからである。各論の章はテーマとしては独立しているが、他の章との関連性に配慮して執筆した。「おわりに（まとめと考察）」は、総論と各論の内容を総括し、自分の判断と見解を披歴したものである。

安全保障と軍備管理に対する著者の立ち位置は、日本政府の外交・防衛政策と大きく異なるところはないと考えているが、披歴した個々の見解は著者個人のものであり、防衛大学校または防衛省の見解を代弁するものではない。

21世紀の軍備管理論●目次

はじめに　*1*

略語表　*8*

第Ⅰ部　軍備管理総論

第1章　軍備管理の歴史と概念 ……………………………… *13*
1．軍備規制の歴史　*13*
　　(1)古代から第二次世界大戦まで／(2)冷戦時代の軍備管理／
　　(3)冷戦後の軍備管理・軍縮
2．軍備管理の概念　*20*
　　(1)軍縮とは何か／(2)軍備管理とは何か／(3)不拡散とは何か／
　　(4)信頼醸成措置（CBM）とは何か／(5)軍備管理と関連用語の関係
3．軍備管理の政策的妥当性　*28*
　　(1)軍備と戦争に対する見方／(2)国家と軍備の関係及び戦争の
　　原因／(3)軍備管理論か、軍縮論か

第2章　軍備管理と国際政治 ……………………………… *35*
1．国際社会の仕組みと軍備管理　*35*
　　(1)主権国家の併存／(2)軍備管理への国家の対応／(3)国際社会
　　の変化と継続
2．今日の安全保障課題と軍備管理　*40*
　　(1)内戦とテロの脅威の拡大／(2)伝統的脅威の持続／(3)軍備管
　　理の試練とチャンス
3．安全保障政策と軍備管理　*43*
　　(1)軍備管理に関連する安全保障政策／(2)軍備管理の特徴と利
　　点

4．軍備管理と米国 *47*
        (1)国際政治と米国／(2)米国の軍備管理政策／(3)世界の国々の対応

第3章　軍備管理のプロセスと仕組み ……………………………… *53*
    1．軍備管理の主体 *53*
        (1)国家／(2)国際機関／(3)多国間条約の実施機関／(4)軍備管理に影響を与える主体
    2．軍備管理条約のプロセス *57*
        (1)外交交渉／(2)条約の批准／(3)条約の履行と遵守
    3．軍備管理と検証 *60*
        (1)検証と査察／(2)検証の役割／(3)検証の方法とプロセス／(4)イラクの大量破壊兵器と検証
    4．軍備管理とインテリジェンス *65*
        (1)インテリジェンスとは何か／(2)インテリジェンスの役割／(3)インテリジェンスの方法／(4)イラクの大量破壊兵器とインテリジェンス

第4章　軍備管理と科学技術 ……………………………………… *69*
    1．科学技術と兵器開発 *69*
        (1)兵器の開発競争／(2)科学技術と戦争の相関関係／(3)大量破壊兵器と科学／(4)科学技術の専門性と軍備管理
    2．兵器技術の性格と特徴 *74*
        (1)デュアル・ユース性／(2)拡散性／(3)進展性と限界
    3．科学者の行動と安全保障 *78*
        (1)科学者と兵器／(2)科学者の責任／(3)科学研究のミスユース／(4)科学研究の自由と安全保障

第Ⅱ部　軍備管理各論

第5章　核兵器の軍備管理 ………………………………………… *85*
    1．核兵器の脅威 *85*
        (1)核兵器とは何か／(2)核危機の事例／(3)核兵器の脅威をどう見るか

2．米ソ間の核兵器規制交渉と核実験禁止　*89*
　　　　(1)米ソ(ロ)二国間の核兵器規制交渉／(2)核実験禁止
　　3．核不拡散体制　*95*
　　　　(1)核不拡散条約（NPT）／(2)原子力の輸出管理措置／(3)非核兵器地帯条約／(4)核拡散の動向
　　4．核兵器の軍備管理の課題　*101*
　　　　(1)核軍縮と核不拡散／(2)核拡散国への対応／(3)新たな核拡散国の登場の防止／(4)核テロの脅威への対応／(5)核軍備管理と安全保障政策の両立

第6章　化学兵器の軍備管理 ……………………………………… *107*
　　1．化学兵器の脅威　*107*
　　　　(1)化学兵器とは何か／(2)冷戦と米ソの化学兵器計画／(3)冷戦中の地域紛争と化学兵器／(4)湾岸戦争、冷戦後のテロと内戦／(5)化学兵器の脅威をどう見るか
　　2．化学兵器禁止条約（CWC）　*113*
　　　　(1)条約の成立／(2)条約の内容／(3)条約の意義と問題点／(4)化学兵器の輸出管理措置
　　3．化学兵器の軍備管理の課題　*118*
　　　　(1)化学兵器禁止条約（CWC）の強化／(2)化学兵器禁止条約（CWC）の未加盟国／(3)内戦と化学兵器／(4)化学テロ対策

第7章　生物兵器の軍備管理 ……………………………………… *125*
　　1．生物兵器の脅威　*125*
　　　　(1)生物兵器とは何か／(2)ソ連の生物兵器計画／(3)炭疽菌郵送事件／(4)生物兵器の脅威をどう見るか
　　2．生物兵器禁止条約（BWC）　*130*
　　　　(1)条約の成立／(2)条約の内容／(3)条約の意義と問題点／(4)条約成立後の生物兵器開発／(5)議定書交渉の挫折／(6)生物兵器の輸出管理措置
　　3．生物兵器の軍備管理の課題　*136*
　　　　(1)生物兵器禁止条約（BWC）の不備／(2)バイオテクノロジーの発展とミスユースのリスク／(3)医学研究と安全保障／(4)バイオテロ対策

第8章　弾道ミサイルの軍備管理　　　　　　　　　　　　　　　　　　　　　*141*
1．弾道ミサイルの脅威　*141*
(1)冷戦中の弾道ミサイル／(2)冷戦後の弾道ミサイルの拡散／(3)弾道ミサイルの脅威をどう見るか
2．弾道ミサイルの国際規制　*145*
(1)ミサイル技術輸出管理レジーム(MTCR)／(2)ハーグ行動規範(HCOC)／(3)大量破壊兵器と弾道ミサイルの不拡散措置
3．弾道ミサイルの軍備管理の課題　*150*
(1)国際規範の曖昧さ／(2)ロシアと中国の対応／(3)巡航ミサイルの拡散／(4)ミサイル防衛計画の含意／(5)宇宙開発との関係

第9章　通常兵器の軍備管理　　　　　　　　　　　　　　　　　　　　　　*157*
1．通常兵器と防衛政策　*157*
(1)通常兵器と大量破壊兵器／(2)通常兵器の開発／(3)通常兵器の貿易
2．通常兵器の軍縮条約　*160*
(1) 特定通常兵器使用禁止制限条約(CCW)／(2) 対人地雷禁止条約(オタワ条約)／(3) クラスター弾禁止条約／(4) 国際安全保障への含意
3．通常兵器の輸出管理と関連措置　*163*
(1)ワッセナー・アレンジメント(WA)／(2)国連通常兵器登録制度(UNRCA)／(3)国連小型武器行動計画／(4)武器貿易条約(ATT)
4．通常兵器の軍備管理の課題　*168*
(1)現状と将来展望／(2)大国間対立の緩和／(3)無人機(UAV)の登場

第10章　宇宙の軍備管理　　　　　　　　　　　　　　　　　　　　　　　*173*
1．宇宙開発と安全保障　*173*
(1)宇宙開発の歴史／(2)宇宙の軍事利用と平和利用／(3)米国の国防政策と宇宙
2．宇宙の国際規制　*178*
(1)宇宙条約／(2)4つの宇宙関連条約／(3) 弾道弾迎撃ミサイル(ABM)条約の失効／(4)ジュネーヴ軍縮会議(CD)の停滞
3．宇宙の軍備管理の課題　*183*
(1)他の軍備管理との比較／(2)新たな軍備管理条約の可能性／

(3)信頼醸成措置（CBM）の可能性／(4)宇宙の覇権／(5)ミサイル防衛計画との関係／(6)スペース・デブリ問題

おわりに（まとめと考察） 191
1．軍備管理とは何か 191
(1)軍備管理の歴史、目的、性格／(2)軍備管理の動因と成立要件
2．軍備管理の全体像 193
(1)軍備管理の全分野の概観／(2)大量破壊兵器の軍備管理の比較
3．軍備管理のパラダイムの変化 195
(1)脅威の変化／(2)新しい対応

文献紹介　*201*

あとがき　*205*

略語表

ABM: Anti-Ballistic Missile. 弾道弾迎撃ミサイル。
AG: Australia Group. オーストラリア・グループ。
ASAT: Anti-Satellite Weapon. 衛星攻撃兵器。
ATT: Arms Trade Treaty. 武器貿易条約。
BWC: Biological Weapons Convention. 生物兵器禁止条約。
CBM: Confidence Building Measures. 信頼醸成（措置）
CD: Conference on Disarmament. ジュネーヴ軍縮会議。
CDC: Centers for Disease Control and Prevention. 米国疾病予防管理センター。
CFE：Treaty on Conventional Armed Forces in Europe. ヨーロッパ通常戦力条約。
CCW: Convention on Certain Conventional Weapons. 特定通常兵器使用禁止制限条約。
COCOM: The Coordinating Committee for Export Control. 対共産圏輸出管理委員会（ココム）。
COPUOS: Committee on the Peaceful Uses of Outer Space. 宇宙空間平和利用委員会。
CTBT: Comprehensive Test Ban Treaty. 包括的核実験禁止条約。
CWC: Chemical Weapons Convention. 化学兵器禁止条約。
ENDC: Eighteen-Nation Committee on Disarmament. 18ヵ国軍縮委員会。
FMCT: Fissile Material Cut-off Treaty. 核兵器用核分裂性物質生産禁止条約（カットオフ条約）。
GPS: Global Positioning System. 全地球測位システム。
HCOC: Hague Code of Conduct against Ballistic Missile Proliferation. 弾道ミサイル不拡散のハーグ行動規範。
IAEA: International Atomic Energy Agency. 国際原子力機関。
ICBM: Inter-Continental Ballistic Missile. 大陸間弾道ミサイル。
ICRC: International Committee of the Red Cross. 赤十字国際委員会。
INF: Intermediate-range Nuclear Forces. 中距離核戦力。
MBFR: Mutual and Balanced Force Reduction. 中部ヨーロッパ相互均衡兵力削減交渉。
MTCR：Missile Technology Control Regime. ミサイル技術輸出管理レジーム。
MAD: Mutual Assured Destruction. 相互確証破壊。
NPT: Nuclear Non-proliferation Treaty. 核不拡散条約。

NSG: Nuclear Suppliers Group. 原子力供給国グループ。
NTM: National Technical Means. 国家の検証技術手段。
NWFZ: Nuclear Weapon Free Zone. 非核兵器地帯（条約）。
OPCW: Organisation for the Prohibition of Chemical Weapons. 化学兵器禁止機関。
PAROS: Prevention of Arms Race in Outer Space. 宇宙の軍拡競争防止。
PSI: Proliferation Security Initiative. 拡散防止構想。
PTBT: Partial Test Ban Treaty. 部分的核実験禁止条約。
RMA: Revolution in Military Affairs. 軍事における革命。
SALT-Ⅰ：The First Strategic Arms Limitation Talks. 第一次戦略兵器制限交渉。
SDI: Strategic Defense Initiative. 戦略防衛構想。
SLBM: Submarine Launched Ballistic Missile. 潜水艦発射弾道ミサイル。
SLV: Satellite Launch Vehicle. 衛星打ち上げロケット。
START: Strategic Arms Reduction Talks [Treaty]. 戦略兵器制限交渉［条約］
UAV：Unmanned Aerial Vehicle. 無人機。
UNSCOM: United Nations Special Commission. 国連イラク特別委員会。
UNMOVIC: United Nations Monitoring, Verification and Inspection Commission. 国連監視検証査察委員会。
UNRCA: The United Nations Register of Conventional Arms. 国連通常兵器登録制度。
WA: The Wassenaar Arrangement. ワッセナー・アレンジメント。
WHO: World Health Organization. 世界保健機関。
ZOPFAN: The Zone of Peace, Freedom and Neutrality. 東南アジア平和・自由・中立地帯構想。

第Ⅰ部
※
軍備管理総論

第1章
軍備管理の歴史と概念

　軍備管理の全体像と新パラダイムを把握するために行うべき最初の作業は、軍備管理の歴史と概念を知ることである。「軍備管理」は arms control の日本語訳である。それでは arms control という言葉は、何時どのような時代背景の下に登場したのか。arms control よりはるか前から使われていた disarmament という言葉は、「軍縮（軍備縮小）」と訳されている。軍備管理と軍縮はどこが異なるのか。不拡散や信頼醸成措置（CBM）など、軍備管理に関連する用語との関わりについても理解する必要がある。また、そもそも国家の安全保障政策として軍備管理というアプローチが適切かどうかについても確認しておきたい。

1．軍備規制の歴史

（1）古代から第二次世界大戦まで
　リチャード・バーンズ（Richard D. Burns）が編集した『軍備管理・軍縮百科事典』には、古代から現代まで行われた軍備規制の歴史的変遷が記されている。歴史上最も古い軍備規制の事例として、古代ギリシア時代に結ばれた「隣保同盟」（Amphictyonic League）が挙げられている。古代ギリシアは戦争に明け暮れたが、神殿とその祭儀を守る必要から、周辺の種族やポリス（都市国家）は同盟を結び、戦争のルールを作ったことが起源前5世紀の史料に書かれているという。アポロンの神殿は隣保同盟によって管理され、戦争が起きても完全に相手を消滅させないことと、戦時・平時を問わず水の供給を遮断しないことを約束したとされる*1。
　人類の歴史は戦争の歴史といわれるが、軍備を規制する試みも古代から行われていたことになる。ただし、隣保同盟のような取り組みは例外的なものであり、古代ヨーロッパでは国家の安全と繁栄の基盤は強い軍事力に

あるとされた。地中海の覇者となったローマでは、軍事力を強化することは国家指導者の義務であり、戦争の回避や敵との妥協を模索する者は指導者の資質に欠けるとみなされた。しかし、そのローマにおいても、敗退した国家に対しては「戦象」（当時の戦争では象が使われることがあった）を使用しないことが定められるなど、一定の範囲で武力が自主規制されたという。

中世のヨーロッパは、カトリック教会の権威の下、国王、領主、家臣の間の主従関係で封建社会が構成されていた。権力が分散した社会で、様々な勢力が固有の兵士と武器を持ったため、血なまぐさい衝突が繰り返された。11世紀の南フランスでは、「キリスト教徒は他のキリスト教徒の血を流してはならない」とするカトリック教会が、自力救済による暴力の横行に歯止めをかけようと運動を起こし、自力救済の約束を破った者を破門にした（「神の休戦」あるいは「神の平和」と呼ばれる）。新兵器のクロスボウ（石弓）が12世紀に登場すると、騎士たちの社会的立場を危うくするという理由で使用が禁止された。

長い中世と三十年戦争を経て1648年にウェストファリア条約が成立し、ヨーロッパに近代国家システムが成立する。官僚機構と軍隊に支えられた近代国家は国防の必要から軍備を増強し、領土をめぐる争いがしばしば起こった。18世紀半ばから始まった産業革命と科学技術の発達が兵器の破壊力と性能を向上させ、19世紀に入ると国家間の戦争の様相は悲惨なものになる。クリミア戦争（1854年）中、ボランティア看護婦のナイチンゲールが行った救護活動が国際的関心と評価を集め、赤十字国際委員会が1863年に創立された。

近代国際社会において、特定の兵器の使用禁止を決めた最初の国際合意文書は、1868年のセント・ピータースブルグ宣言である*2。ロシア皇帝ニコライ二世の招請を受けて17ヵ国の代表がロシアに集まって協議を行い、400ｇ以下の爆発性または燃焼性の物質を満たした発射物（弾丸）の使用が禁止された。戦争の惨禍を軽減するため、戦争が起きたときに多数の者を戦闘外におくことが想定され、そのような人々には不必要な苦痛を与えるべきではないという考え方が共有された。軍備規制の最初の一歩は、人道的配慮に基づいて踏み出された。

1889年にハーグで開かれた国際会議もニコライ二世の提唱によるもので

あり、軍備の負担と軍拡競争の激化への不安が背景にあった。参加した国の事情と思惑は様々で、英国は海軍の相互規制を一定の範囲で検討する用意があったが、米国はマハンの著書（『海上権力史論』）の影響もあって海軍の規制に応じる考えはなかった。協議の結果、一部の弾薬や窒息性ガスの使用禁止に関して合意が成立したが、主要装備は規制されなかった。国家の軍備は国防のために不可欠であり、国家間の相互規制は想定されていなかった*3。

『軍備管理・軍縮辞典』によれば、上述の第1回ハーグ会議（1889年）が開かれた頃から、軍備の規制に関する国際努力への関心が高まり、米欧諸国を中心に disarmament という言葉が流行した。戦争の手段の制限、削減、管理など様々な国際努力を包括的にあらわす用語として、disarmament が多用されるようになったという*4。第2回ハーグ会議（1907年）では、爆弾の空中からの投下や毒ガスの禁止など、戦時国際法規に関する問題が協議され、非人道的な兵器とみなされたダムダム弾（人体に入ると弾芯がつぶれ、鉛片が体内に飛び散るため大きな苦痛を与える）の使用禁止が決定された。しかし、この会議においても主要装備の規制は行われず、ヨーロッパ諸国の軍備増強は続いた。

第一次世界大戦では、戦争前に蓄積された兵器と、戦争中に新たに開発された兵器が大量に使用された。初めて使用された化学兵器によって膨大な数の兵士が悲惨な死を遂げ、生き残った兵士たちの後遺症（失明など）も化学兵器の非人道性を人々に思い知らせた。人類がかつて経験したことのない大規模な破壊と惨禍によって、人々は大量殺戮の時代に入ったことを自覚した。戦争が終結すると、軍拡競争と戦争防止のための国際制度を構築する努力が始まった。ウィルソン大統領の「14箇条の平和原則」（1918年）や国際連盟規約（1919年）で軍縮の重要性が謳われ、ジュネーブ議定書（1925年）では化学兵器と生物兵器の使用が禁止された。

第一次世界大戦後、国際社会には戦争回避と軍縮を関係づける風潮が広がったが、国家間の対立と競争が終わることはなかった。戦勝国は、ドイツが二度と軍事的脅威にならないことを望み、武装解除に近い極端な軍備制限を求めるベルサイユ条約（1919年）を、ドイツに受け入れさせた。この措置への屈辱感が要因の一つとなってナチスが台頭する。米、英、日、仏、伊の5ヵ国が1921年に締結したワシントン海軍軍縮会議は、これらの

国々の海軍の軍拡競争にブレーキをかけたが、主力艦（戦艦と航空母艦）の保有量に異なる比率が設定されたのは、台頭する日本の急速な海軍増強に歯止めをかける米英の狙いからである。軍縮による平和ではなく、外交交渉の場における軍備増強競争の継続であった。

　権力を掌握したヒトラーが大規模な軍備増強を進め、ヨーロッパ諸国の力関係が変動していったが、第一次大戦の惨禍に懲りたヨーロッパの戦勝国には厭戦気分が蔓延し、ドイツの再挑戦に決然と立ち向かおうとしなかった。英国のチェンバレン首相は、ヒトラーの領土拡大を食い止めようとして宥和外交を行ったが、ヒトラーの野望が収まることはなく、第二次世界大戦が起こる。戦間期に兵器の性能は向上し、第二次世界大戦の末期には究極の兵器（原子爆弾）が開発され、広島と長崎に投下された。

（2）冷戦時代の軍備管理

　第二次世界大戦の終結後、戦勝国が中心になって国際連合が創設された。国連憲章には軍縮に関する規定が設けられたが、憲章の作成に関わった人々には、必要な軍備を準備してドイツの軍事的挑戦に向き合えば第二次世界大戦を回避できたという後悔があり、国際連盟規約の作成者たちとは軍備に対する見方は異なっていた。また、東西冷戦が始まり、北大西洋条約機構（NATO）とワルシャワ条約機構の対立が厳しくなるなか、核兵器と通常兵器の軍拡競争が始まった。ソ連は国連総会でいくつかの軍縮提案を出したが、西側諸国の世論操作を目的とするプロパガンダに過ぎなかった。世界の平和に重要な役割を果たすために設置された安全保障理事会は、ソ連の拒否権行使によって機能不全に陥った。冷戦時代は軍拡競争によって縁取られ、軍縮が実現する見込みが乏しいという認識が世界に広がった。

　広島と長崎への原爆投下により、世界の平和にとって核兵器の規制が最重要課題であることは明白であったが、国連は核兵器の規制に対して効果的な役割を果たせなかった。ソ連との核軍拡競争が継続するなかで、米国では1960年代初めに安全保障の研究者たちによって、ソ連との核戦争を回避するための新しいアプローチが検討された。彼らは、米ソの核戦力の相互規制を望み、以前から使われていた disarmament という言葉に代わり、arms control という言葉を使用することによって、米国の対ソ政策を練り上げていった。

第1章　軍備管理の歴史と概念

　本書のテーマである「軍備管理」は、当時の米国の戦略論議から生まれたものである。戦略研究者たちが考案した軍備管理はニクソン政権に採用され、1969年末に米国はソ連との間で第一次戦略兵器制限交渉（SALT-Ⅰ）を行う。2年半に及ぶ外交交渉の結果、戦略核兵器の上限を定める攻撃兵器暫定協定と弾道弾迎撃ミサイル（ABM）を厳しく規制する条約が成立した。SALT-Ⅰ合意の成立は1970年代半ばに東西デタント（緊張緩和）をもたらしたが、米ソの戦略核兵器の開発が終わることはなく、戦略核の軍備管理交渉が続けられた。

　冷戦中に取り組まれた軍備管理のなかで、核兵器の軍備管理が最も重要視され、国際政治に与える影響も大きかった。1968年に成立した核不拡散条約（NPT）は、「核兵器を拡散させない」という国際ルールを制度化し、冷戦中の核拡散の防止に貢献した。核超大国であった米ソ二国間の軍備管理は特別な位置づけにあった。1962年のキューバ・ミサイル危機は、核戦争が現実に起こるリスクを世界の人々に自覚させた。米ソは1963年に部分的核実験禁止条約を結んだが、地下核実験を繰り返して核兵器の開発を続けた。米ソの核軍備は過剰状態になり、両陣営間で軍事衝突が起これば大規模な核戦争にエスカレートする公算が大きいと危惧された。1980年代前半、米ソはヨーロッパ地域を対象とした中距離核戦力（INF）の交渉を行ったが、交渉が決裂して INF の配備が始まったとき、西ヨーロッパの一部では核戦争への不安から大規模な反核デモが起きた。ソ連の核ミサイルの迎撃の可能性を研究する戦略防衛構想（SDI）を米国が打ち上げたときは、ソ連が猛反発を見せただけでなく、SDI への賛否をめぐり米欧間にも摩擦が生まれた。ゴルバチョフ書記長が登場してからソ連の対外姿勢が変化し、1987年に INF 全廃条約が成立し、2年後にベルリンの壁が崩壊する。

　核兵器以外の分野でも、冷戦中に生物兵器禁止条約（1968年）や宇宙条約（1967年）などの軍備管理条約が成立し、今日の国際安全保障の重要なルールになった。通常兵器に関しては、1970年代半ばから1980年代にかけて中部ヨーロッパ相互兵力削減交渉（MBFR）が行われたが、通常戦力の量的優位を維持していた東側陣営が西側陣営の要求に応じなかったため、遅々として進まなかった。

　米ソの影響力が比較的弱い地域では、米ソ対立に巻き込まれることを恐

れる国々によって、独自に軍備管理の取り組みが行われた。ラテンアメリカ諸国のトラテロルコ条約（1967年）や、南太平洋諸国のラロトンガ条約（1985年）は、東西間の核戦争に巻き込まれるのを避ける目的で作成された非核兵器地帯条約であり、自国および自国周辺に、米ソなどの核保有国が核兵器を配備することを禁止した。軍事的な緊張と衝突が繰り返されるインドとパキスタンの間では、本格的な戦争突入を回避するために様々な信頼醸成措置（CBM）が試みられた。軍備管理という言葉は、米国の対ソ戦略の中から生まれたが、これらの地域の取り組みも、今日では広い意味で軍備管理の問題として扱われている*5。

（3）冷戦後の軍備管理

冷戦の終結によって東西陣営間の対立構図が解消し、大規模な核戦争が起こるリスクは遠のいた。米国が軍備管理政策を実行する契機となった国際政治状況は大きく変化したが、冷戦中に構築された様々な軍備管理条約や制度は、米国のみならず世界諸国の安全保障政策にとって重要な「資産」として残り、冷戦後の課題の解決に向けて様々な軍備管理の取り組みが行われている。米ソ間の戦略核兵器の軍備管理は米ロに引き継がれたが、米国の新しい政策によってABM条約が2002年に無効となり、冷戦中の米ソ関係と異なる戦略的文脈に中に置かれることになった。湾岸戦争（1991年）や朝鮮半島の核危機（1994年）を通じて、大量破壊兵器（核兵器、化学兵器、生物兵器）と弾道ミサイルの拡散が重大な国際安全保障課題であることが明らかになった。さらに、「9.11テロ」以降、国際テロの脅威が深刻化している。

核兵器の不拡散は、冷戦後の最も重要な軍備管理の一つである。1995年にNPTの無期限延長が世界の大多数の国の賛成を得て決定したにもかかわらず、NPTに未加入のインドとパキスタンは1998年に相次いで核実験を行って核兵器を保有した。北朝鮮は2006年に最初の核実験を実施し、その後も核実験を繰り返している。

化学兵器の軍備管理は、化学兵器を禁止する条約（CWC）が1993年に成立したことによって大きく前進した。しかし、東京で起きた地下鉄サリン事件（1995年）、シリア内戦中の化学兵器の使用（2011年）が示すように、化学兵器の脅威は削減されておらず、化学兵器の不拡散体制を強化する必

第1章　軍備管理の歴史と概念

要がある。生物兵器は、その性格上、戦争の手段としては使われにくいとみなされていたが、2001年に米国で起きた炭疽菌郵送事件によってバイオテロの脅威への認識が高まった。生物兵器禁止条約（BWC）には、条約の順遵守を検証する規定が存在していないため、生物兵器の不拡散体制には脆弱性がある。

　このような大量破壊兵器の拡散と国際テロの脅威の連結は、今日の国際安全保障上の最大のチャレンジである。国際社会は、大量破壊兵器を開発保有する国々の脅威に対処するだけでなく、大量破壊兵器とその技術がテロリストの手に渡らないように適切な措置を講ずる必要に迫られている。国連安保理で2004年に採択された「決議1540号」は、そのような取り組みの一つである。同決議では、すべての国連加盟国に厳密な輸出管理とテロ取り締まりが義務付けられた。

　弾道ミサイルの拡散が大量破壊兵器の脅威を増幅させているため、米欧諸国の働きかけによって、弾道ミサイルのハーグ行動規範（HCOC）が2002年に採択された。弾道ミサイルに関する情報共有による信頼醸成措置（CBM）が目指されているが、弾道ミサイルそのものの規制を行うものではない。冷戦中に設置されたミサイル技術管理レジーム（MTCR）の参加国は冷戦後に34ヵ国まで増えたが、普遍的な国際制度にはなっておらず、弾道ミサイルの軍備管理は制度的に不十分な状態にある。

　通常兵器の軍備管理には、冷戦が終わってから注目すべき新展開が見られる。国連軍備登録制度（1991年）、対人地雷禁止条約（1997年）、クラスター弾禁止条約（2003年）、武器貿易条約（2013年）などが、国連、ミドルパワーと呼ばれる国々（カナダやノルウェーなど）、国際NGOの積極的な活動と連携によって成立した。小型武器などの通常兵器の無秩序な取引が地域紛争、テロ、内戦の被害を増幅させたことが、新しい条約・制度の成立を促した。

　宇宙の軍備管理の重要性は、宇宙条約が成立した頃と比べて格段に大きくなった。宇宙の平和利用と軍事利用の拡大がともに進み、湾岸戦争とイラク戦争では米国の宇宙の能力が決定的な役割を果たした。中国が新たな宇宙開発大国として浮上し、近い将来、宇宙の軍拡競争が起こる可能性が懸念されているが、米国と中・ロの利害が衝突しているためジュネーヴ軍縮会議（CD）における協議は進展していない。

このように、軍備管理の対象は様々な領域に広がり、それぞれの領域で多くの課題を抱えている。今ではすべての領域の軍備管理が、グローバルな安全保障問題に重要な関わりを持っている。軍備管理の全領域に対する広い視野と知識を持つことが、安全保障問題の理解に役立つ。

　また、国際政治の大きな潮流と変化が、軍備管理に与える影響について考察することも重要である。冷戦時代は、東西両陣営の対立（二極構造）で縁取られていたが、冷戦後は米国の軍事力が突出している。米国はグローバルな軍備管理問題にリーダーシップを発揮しているが、テロの脅威に対処する上で、軍事的手段に依存することが多くなった。軍備管理問題に対する国際社会の対応も変化している。北朝鮮の核問題では5ヵ国（米、中、露、韓、日）が、イランの核問題では6ヵ国（米、英、仏、中、露、独）が協議に参加した。このような新しい状況に適切に対応するためには、軍備管理問題に向き合うときの従来の思考の枠組みが時代遅れになっていないか吟味し、新しいパラダイムを検討する必要がある。

2．軍備管理の概念

　国家の軍備の規制に関わる政策には、軍備管理の他にも、軍縮、不拡散、信頼醸成などがある。これら4つの用語の共通点と相違点は何か。用語の定義や時代背景を比較することにより、軍備管理の概念を明らかにする。

（1）軍縮とは何か

　「軍縮とは何か」について、誰もが受け入れる単一の定義は存在しないが、軍縮問題に関わった実務家や研究者たちが定義を試みている。戦略研究者のヘンリー・ホーブス（Henry W. Horbes）は、「軍縮とは、軍備の量的あるいは質的な削減、非人道的な戦争手段の禁止、特定地域の非軍事化を意味する」と定義した*6。国連で軍縮問題に取り組んだウィリアム・エプスタイン（William Epstein）は、「軍縮という言葉は、軍事的緊張の緩和や信頼醸成のような初歩的な営み、軍備の規制あるいは軍備管理、軍備の完全撤廃のすべてを含む総称（generic terms）として使われてきた」と述べている*7。米空軍の研究者であるジェフリー・ ラーセン（Jeffrey A.

第1章　軍備管理の歴史と概念

Larsen）とジェームズ・スミス（James M. Smith）が編集した『軍備管理・軍縮の歴史辞書』では、「軍縮は、軍事システムや手段を規制する国際協力を意味する包括的用語（umbrella term）として古くから使われてきたが、軍備管理という言葉が使われるようになってから、軍縮は軍備の大幅削減ないし軍備撤廃に限られて使われるようになり、軍拡競争が恒常化していた冷戦中は、ユートピア的なニュアンスが込められていた」と説明している*8。

　軍縮という言葉は、「国家の軍備が戦争の原因になる」、「軍拡競争は戦争のリスクを高める」、「軍備の大幅削減あるいは撤廃が望ましい」、「軍縮が平和への道である」という安全保障観を持つ人々が使うことが多い。ただし、軍縮論に立脚する人の中には、「現存する明白な軍事的脅威に対しては軍事的手段に頼る必要性がある」というように、現実的な考えを持つ人もおり、軍縮論者を一括りにすることは適切ではない。

　軍縮は、国家間の外交交渉の結果として成立した条約や合意の内容を示す言葉でもある。1980年代前半に米国は軍備管理の考え方に立って、ソ連を相手に中距離核戦力（INF）の制限交渉を行い、交渉が決裂したあとに最新型のINFを西ドイツと英国に配備した。その後、交渉が再開され、1987年にINFの全廃を規定した条約が成立した。ソ連に対する西欧諸国の核抑止力を軍備増強で補強し、ソ連の譲歩を引き出した点において、INF交渉は典型的な軍備管理交渉であったが、INFというカテゴリーの兵器をすべて廃棄した点において、INF条約の内容は軍縮条約といえる。

（2）軍備管理とは何か

　軍備管理の定義も、多数の専門家が様々な定義を試みてきており、その数は非常に多い。定義が試みられた時期の軍備管理のパフォーマンスや研究者個人の安全保障観によって表現と意味合いに差異があり、それらを見比べてまとめることは難しい。最大公約数として、『ブリタニカ国際大百科事典』の「軍備を規制、制限、凍結、削減するなどコントロールすることによって無制限な軍拡競争を抑制し、国際社会の安定を維持するためにとられる措置。軍備削減を第一義とする軍縮と区別される」という記述を挙げておく。平易な記載ではあるが、簡潔にして要を得た定義といえる。

　軍備管理の概念は、1960年代初めに米欧の安全保障研究者たちによる分

析と論議のなかで形成された。1961年に相次いで出版された3つの書籍は、当時の軍備管理をめぐる論議の集大成であり、米欧がとるべき新たな政策として軍備管理が考究された。トーマス・シェリング（Thomas C. Schelling）とモートン・ハルペリン（Morton H. Halperin）の共著『戦略と軍備管理』、ヘドレー・ブル（Hedley Bull）の『軍拡競争のコントロール：ミサイル時代の軍縮と軍備管理』、ドナルド・ブレナン（Donald Brennan）編の『軍備管理・軍縮・安全保障』は、軍備管理の概念形成と普及に貢献し、軍備管理研究の古典とされている*9。『軍備管理・軍縮・安全保障』の寄稿者の中には、後に米国務長官として活躍するヘンリー・キッシンジャー（Henry Kissinger）、米国の水爆開発の父と呼ばれるエドワード・テラー（Edward Teller）、未来学者として注目されていたハーマン・カーン（Herman Kahn）らが含まれている。彼らはマサチューセッツ州ケンブリッジ市を中心とした大学や研究機関（ハーバード大学や MIT など）で、軍備管理を考究するセミナーや討論会を頻繁に開催した。米国政府高官や米軍幹部もこの議論に積極的に加わり、核戦争を回避するための新しいアプローチを真剣に模索した。

　彼らはソ連の戦略文献や対外行動を分析した結果、「米ソ間の軍事的対立と緊張は今後も続くが、ソ連は狂信的な国ではない。米ソ共存は可能であり、ソ連との外交交渉によって核軍拡競争に歯止めをかける可能性はある」と判断した*10。彼らは、それまで一般的に使われていた disarmament という言葉に違和感を覚えていた。ヨーロッパではソ連側の通常戦力が優勢であり、米欧側は通常戦力の増強を必要としていた。通常戦力の劣勢に対処するため、米欧側は核抑止力に依存していた。このような状況下で、軍備の全廃あるいは大幅削減を意味する disarmament という言葉はあまりに非現実的であり、米欧の国防政策の実態に合う言葉が必要とされた。それが arms control であり、日本で軍備管理と訳されたのである*11。

　彼らは軍備管理の基本的な考え方（教義）を練り上げた。第一の教義は、「軍備管理は軍備の規制自体を目的とするものではなく、安全保障という目的のための手段である。核戦争の防止が軍備管理の最大のテーマである」とされた。第二の教義は、「米ソは軍備管理の推進に共通の利害を持っており、核戦争の防止が共通課題である」とされた。第三の教義は、「軍備管理と軍事戦略は両立しながら安全保障を達成する」であった。軍備管

第 1 章　軍備管理の歴史と概念

理の目的は、第一に戦争の回避、第二に軍拡競争の鎮静化（可能な形で国防費の削減を図る）、第三に戦争が起きたときの破壊規模の限定とされた*12。戦争の回避のために必要と判断されれば、特定の兵器開発の配備を進めるべきとされ、国防費の削減という目標は二次的な目標とされた。このような軍備管理の考え方が米国政府に採用され、米国の軍備管理政策として実施されていった。ニクソン大統領が大統領補佐官として抜擢したキッシンジャーは、第一次戦略兵器制限交渉（SALT-Ⅰ）の主役として活躍した。

　米ソの戦略核兵器の上限を定めた SALT-Ⅰ協定（1972年）は、米国の軍備管理政策の最初の産物であり、軍備管理の典型といえる。この協定は米ソの大陸間弾道ミサイル（ICBM）と潜水艦発射弾道ミサイル（SLBM）の発射基の数を当時の水準に凍結することで、軍拡競争に一定の歯止めをかけた。核兵器を削減することが目的ではなく、両国間の戦略バランスと「戦略的安定」を維持することが目指された*13。冷戦後の米ロ間の戦略核兵器交渉も戦略的安定を目的としているが、核兵器の削減の流れが定着しており、核軍縮が進展していると言える。

（3）不拡散とは何か

　「不拡散」という言葉は non-proliferation の日本語訳である。不拡散も有権的な定義は見当たらないが、『軍備管理・軍縮の歴史辞書』では、「ある兵器やその兵器のコンポーネントが、今までそれらを保有していなかった国々あるいは勢力の手に入ることを阻止するための国際協力を意味する」と説明されており、「拡散」（proliferation）」については、「主に大量破壊兵器と弾道ミサイルの拡散を指している」と記載されている*14。国家間の兵器の輸出入は昔から行われており、兵器の拡散という現象自体は古くから存在するが、国際安全保障上の重要課題として拡散という言葉が頻繁に使われるようになった時期は冷戦時代である。米ソに続いて英国、フランス、中国が1960年代に次々と先を争うように核実験を行って核保有国となり、核兵器の拡散の行方に対して国際社会の懸念が高まった。1967年に核不拡散条約（NPT）が成立したが、NPT への加入を拒否する国がいくつかあり、核兵器に転用可能な原子力技術が普及するなかで、核不拡散体制の維持が国際安全保障の恒常的な課題となった。

　冷戦後、北朝鮮、インド、パキスタンが新たに核兵器を保有し、核拡散

の懸念が現実のものになった。湾岸戦争では化学兵器の脅威が、炭疽菌郵送事件では生物兵器の脅威が顕在化し、大量破壊兵器とその運搬手段になる弾道ミサイルの拡散を阻止することが軍備管理の重要なテーマとなった。紛争地域に大量に流入した小型武器や、グローバリゼーションの影響を受けて進行する兵器技術の拡散も安全保障に重大な影響を及ぼしている。

　不拡散という言葉と概念には、一種の差別性があることに注意する必要がある。NPTが成立したとき、他国に先んじて核兵器を保有した5ヵ国（米、ソ、英、仏、中）のみに核兵器国という特別な地位が与えられ、5ヵ国以外の国には核兵器の保有が禁止されるという不平等性が大きな問題になった。インドはNPTの差別性に強く反発し、条約への加入を拒否した。NPTの差別性に不満を持つ国は多かったが、東西陣営が対立するなか、米ソの同盟国と友好国はNPTを受け入れた。米ソと同盟関係にない国々の多くも、核拡散は自国の安全にとって望ましくないと判断してNPTに参加したが、NPTの不平等性に対する不満が解消したわけではない。5年に一度開催されるNPT運用再検討会議では、核兵器国はNPTで定められた「核軍縮に誠実に取り組む義務」を果たしていないとして、非同盟諸国が激しく非難することが慣例になっている。日本では核軍縮と核不拡散は同時に追求すべき目標とされているが、国際社会では核軍縮と核不拡散の間に緊張関係が生まれることがある。

　弾道ミサイルの不拡散に関しては、ミサイル技術管理レジーム（MTCR）という国際協力の制度がある。核兵器の運搬手段となるミサイルと関連技術の拡散を防止する目的で、冷戦中に西側先進7ヵ国が開始した輸出規制の協力である。冷戦後はミサイルのグローバルな核拡散防止へと目的が拡大され、参加国は34まで増えたが、その多くは技術先進国である。ミサイルと関連技術の輸入を望む途上国からは、MTCRは「先進国のカルテルである」と批判されることがある。

　化学兵器禁止条約（CWC）と生物兵器禁止条約（BWC）は、対象兵器の全面禁止を定めている点で軍縮条約であり、不拡散の義務を定めた点では不拡散条約でもある。CWCとBWCの加盟国の権利・義務は平等であり、条約の規定上はNPTのような差別性は存在しない。しかし、民生用の商品や技術が軍事転用される可能性があると判断される途上国に対しては化学剤や生物剤の輸出が控えられることがある。途上国のなかには、純粋な

民生利用を目的としているにもかかわらず、輸入できない化学剤や生物剤があると不満を表明する国がある。

（4）信頼醸成措置（CBM）とは何か

　「信頼醸成措置」あるいは「信頼醸成」は、Confidence Building Measures の日本語訳である。信頼醸成の定義は多様であり、研究者間で論争があるが、ジェームズ・マッキントッシュ（James Mackintosh）によれば、「コミュニケーション、認識、意図にかかわる心理的な現象、奇襲攻撃に対する警戒、意図の透明化による誤解の回避、実際の兵力の削減を扱わないこと」などが、CBM の共通項であるという*15。『軍備管理・軍縮の歴史辞書』では、「透明性の確保と信頼関係の構築のための国家間の協力的な措置であり、軍事に関わる国家の行動の意図を知らせることにより、奇襲攻撃や軍事的威圧への不安や誤判断を小さくすることが期待されている」と説明されている*16。特定の兵器の制限、削減、禁止が想定されていないことが軍備管理との相違点とされ、自国と相手国の軍備には手を付けず、軍備の状況や国家の意図に関する情報を交換することがもたらす効果が期待されている。

　緊張関係にある国家間で、不要な警戒を避ける目的（あるいは名目）で協議が行われることは古代からあった*17。安全保障用語の一つとして定着し、広く使われるようになったのは1970年代半ば以降である。1975年にヘルシンキで開催された全欧安保協力会議の最終合意文書で、Confidence and Security-Building Measures という言葉が使われた（信頼醸成はその日本語訳）。ヨーロッパ正面における NATO 軍とワルシャワ機構軍の厳しい対立と緊張が続くなか、大規模な軍事演習や軍の移動の事前通告やオブザーバーの交換など、一定の範囲で協力的な措置が行われた。ソ連の奇襲攻撃を警戒していた米欧は、誤解や偶発事故による軍事衝突が核戦争にエスカレートするリスクを少しでも軽減したいと考えていた（当時の軍事的緊張は「信頼」という言葉のニュアンスとはかけ離れていた）。

　CBM の出自はヨーロッパであるが、他の地域や国でも、誤認や偶発事故による武力衝突の防止を目的としたコミュニケーションや軍事交流が行われる場合、信頼醸成（措置）という言葉が使われるようになり、CBM の概念が多様かつ多義的になっていった。冷戦中は奇襲攻撃への相互不安

を緩和する目的のCBMが多かったが、1992年にブトロス・ガリ国連事務総長がまとめた『平和への課題』では、予防外交の一手段としてCBMが言及された。1994年に発足したASEAN地域フォーラムでは、安全保障対話のプロセスとしてCBMが取り入れられた。冷戦時代から行われてきたインドとパキスタンの間のCBMの試みは、両国の核兵器保有によって、その重要性が増した。弾道ミサイルの拡散防止を目的とするハーグ行動規範（HCOC）もCBMを目的とした取り組みである。

（5）軍備管理と関連用語の関係
軍備管理と軍縮の関係

　軍備管理と軍縮は、言葉が登場した時代背景は異なるが、国家の軍備の規制や削減をテーマとしている点で共通している。日本政府の刊行物（外交青書や防衛白書など）では、軍備管理・軍縮あるいは軍縮・軍備管理というように、2つの言葉がセットで括られることが多い。このような記載の仕方は、複数の条約や制度をまとめてとりあげるときに便利であるが、軍備管理と軍縮の概念上の相違に注意する必要がある。一方、軍備管理と軍縮の関係は複雑に入り組んでいるため、個々の条約・制度について軍備管理と軍縮の区別を逐一書き分けると煩雑になって分かりにくくなる。

　米国で1961年に国務省内の軍縮局（the Disarmament Administration）が改編され、大統領直属の独立政府機関として軍備管理軍縮局（Arms Control and Disarmament Agency: ACDA）が新設されたとき、新機関のネーミングをめぐって議論が紛糾した。軍備管理に一本化すべきであるという主張もあったが、結局、軍備管理と軍縮の両方を併記させることで落ち着いたと聞く。このように、軍備管理と軍縮の間には、切っても切り離せない関係が存在している。後述するように、軍備管理と軍縮の間には、時代背景の相違だけでなく、背後の安全保障観の違いも存在する。CWCのように、特定の兵器の全面禁止を定めた条約は、軍縮論者も軍備管理論者も同様に高く評価するが、米ロ間の戦略核規制条約のように一定の範囲の兵器削減に留まるものに対しては、「削減幅が小さい」と批判する人々と「現実的な削減である」と評価する人々に分かれる。軍備管理論と軍縮平和論のどちらに立脚するか、立ち位置の選択が求められる。

軍備管理と不拡散の関係

第1章　軍備管理の歴史と概念

　冷戦中、軍備管理は米ソ二国間の核軍備管理を意味することが多く、不拡散は主として核拡散の防止に関連して使われていた。冷戦後、大量破壊兵器（核、化学、生物兵器）と弾道ミサイルの拡散が起こり、テロリストの脅威が増大した。ソ連邦の崩壊による大量破壊兵器と関連技術の国外流出問題、非国家主体による兵器と技術の拡散なども加わって、不拡散問題の重要性が格段に大きくなった。米欧を中心とする自由諸国にとって、今日の軍備管理問題の多くは不拡散問題である。

　兵器の拡散がもたらす脅威に対する世界の国々の認識は一様ではない。自由諸国の不拡散政策のターゲットになっている国（北朝鮮やイランなど）から見れば、不拡散という言葉は自国を差別し、敵視する政策を意味する。ロシアと中国は、そのような国々と友好関係にあり、米欧の不拡散政策への協力は限定的である。大量破壊兵器の不拡散条約には世界の大多数の国が加入しており、グローバルな軍備管理問題とされているが、軍備管理と不拡散の関係は複雑である。

軍備管理と信頼醸成措置（CBM）の関係

　信頼醸成措置（CBM）の内容は時代とともに変遷しており、軍備管理との関係は流動的である。CBMは兵器の削減や禁止を伴わないことが軍備管理との違いであるとされるが、軍備管理とCBMの間に明確な境界が存在するわけではない。例えば1986年に開催された生物兵器禁止条約（BWC）の再検討会議では、CBMのための措置として、バイオ研究から得られたデータの交換などが同意された。包括的核実験禁止条約（CTBT）の検証制度にも、CBMのための措置が含まれている。つまり、軍備管理条約の中にCBMが取り込まれており、CBMが軍備管理の領域に入り込んでいることもある。

　軍縮や不拡散と異なり、軍備管理とCBMに間には摩擦が生じにくい。CBMも軍備管理も、国家間の軍事的緊張を緩和する目的で行われる協力的措置であり、両者は補完関係にある。奇襲攻撃や偶発戦争を防ぐ目的のCBMに狭く限定せずに、国家間の軍事的緊張を緩和し、軍拡競争の防止に役立つ協議や措置を含む総称としてCBMを概念化することは可能である。軍備の規制のための交渉を行うことが難しく、放置すれば軍拡競争が継続しそうな場合に、安全保障対話などのCBMを通じて自主的な軍備増強の抑制の可能性を追求していくことが考えられる。

3. 軍備管理の政策的妥当性

　世界の国々は軍備管理の考え方に立って安全保障政策を立案・運用している。本書の立場も同じであるが、軍備管理のアプローチを批判し、軍縮の推進を主張する人々は少なくなく、国家の軍備そのものを否定する考え方も存在する。国家の安全保障政策として軍備管理の妥当性について確認しておきたい。

（1）軍備と戦争に対する見方
　軍備と戦争に対する人々の見方は、その人の過去の体験、価値観、現在の環境など多くの要素から様々な影響を受ける。その意味で安全保障をめぐる立場は無数にあるが、大別すれば絶対平和主義、軍事的優位論、軍縮平和論、軍備管理論の4つに分けることができる。
絶対平和主義
　絶対平和主義は、「戦争はそれ自体が絶対悪であり、国家の紛争の解決を求める手段としての軍事力の利用は一切拒否すべきである」という思想である。何時の世も、このような考え方や生き方を選ぶ人はいる。17世紀の詩人ミルトンは『失楽園』のなかで、戦争を全面否定しつつ平和の至高性を高らかに歌い上げた。日本では、内村鑑三が日露戦争開始の前年に、非戦論を唱え、軍備の廃棄を訴えた。文豪ヘミングウェイの『武器よさらば』では、志願して戦争に参加した負傷兵が、自分の理想とかけ離れた戦争状況に失望し、看護師の女性と恋に落ちて戦場から逃避する。今日でもクウェーカー教徒やアーミッシュ（アメリカやカナダの農村に集団的に住み、規律に基づき電気・自動車などを使わない生活様式を守っている）のように、絶対平和主義者と呼ばれる人たちがいる。
　一人の人間としてどう生きるか、戦争にどう向き合うかは、個人の価値観や倫理観の領域に関わる問題であり、国家の安全保障をテーマとする本書は立ち入らない。確実に言えることは、絶対平和主義が主張する完全な軍備撤廃は、人類の歴史上、一度も現実化したことがないという事実である。国家の軍備は現に存在しており、絶対平和主義は国家の政策になり得ない。

第 1 章　軍備管理の歴史と概念

軍事的優位論

　軍事的優位論とは、「軍拡競争は戦争の原因にはならない。軍縮も軍備管理も安全保障を危うくするものである。国家の安全は、軍事力で優位に立つことによってのみ保たれる」という考え方であり、絶対平和主義の対極に位置する。コーリン・グレイ（Colin S. Gray）は、「国家間の軍拡競争は不可避であり、軍備増強は他の選択肢より望ましい」と述べている。グレイは、「対立する国との間に戦争のリスクがある以上、軍備を増強するのは当然であり、軍備が自動的に戦争に結びつく必然性はない。軍拡競争の愚かさ、無駄、リスクを主張する人々は間違っている」と主張するだけでなく、「軍備管理は危険であり、無用である」とまで述べている*18。

　軍事的優位論は暴論のように聞こえるが、米欧の戦略研究コミュニティではグレイは第一級の研究者として高い評価を受けている。彼は、米国と英国の政府顧問として両国の国防政策に影響を及ぼした。敵対する国の軍備増強に直面する国家は軍備増強で対抗してきたという歴史的事実、軍拡競争の負担を回避した結果、戦争が引き起こされた事例の存在など、グレイの主張は軍備と戦争をめぐる事実の一面を突いている。

　とはいえ、仮に世界の国々がこぞって軍事的優位論を採用するようなことがあるとすれば、軍拡競争は果てしなく続き、国防費の負担増大と軍事的緊張は増大の一途を辿ることになる。このようなリスクとコストは、世界の大多数の国にとって受け入れがたいものである。国家が直面する安全保障問題は、軍事以外に様々なものがあり（地球環境、食糧問題、災害対策など）、国家は多くの課題に資源を配分する。対立する国との軍事バランスは国家の重要関心であるが、軍事的優位論を前面に押し出した国防政策を実行する国は唯一の軍事超大国である米国、特異な安全保障環境下にあるイスラエルなど、例外的少数であろう。近年の中国はアジア太平洋地域において軍事的優位を追求しているように見えるが、米国とのグローバルな軍事バランスで近い将来に優位に立つことは考えにくい。世界の大多数の国にとって、無制限な軍拡競争を前提とした軍事的優位論は現実的な選択肢にはなり得ない。

　絶対平和主義と軍事的優位論という両極端の主張は、いずれも国家の政策としての適切性を欠いている。したがって、その中間に位置する軍備管理論と軍縮平和論の選択ということになるが、その前に国家と軍備の関係

及び戦争の原因について触れておきたい。

（２）国家と軍備の関係及び戦争の原因

　そもそも国家は何故、軍備を保有しているのか。近代国家が成立したとき、国の独立と安全を守るために、軍は不可欠な要素とされた。国際社会では主権国家の上に立つ存在はなく、外国から武力侵略を受けたとき、侵略を撃退するには軍事力が必要になる。国際社会の無政府状態（アナーキー）の下で生き残るため、国家は軍隊を持っているのである。武力侵略に抵抗せず、外国の支配を受け入れるなら別であるが、自国の独立と家族を守るために武器をとって戦わなければならないときがある＊19。実際に軍事攻撃を受けなくても、強大な軍事力で威嚇されれば、外国からの不当な要求を呑まなければならなくなるかもしれない。軍事的脅威と軍事的圧力に対しては、軍事力で対応する以外に方法がない。

　軍備と戦争の関係はどのようなものなのだろうか。古来、賢人と呼ばれる人々がいろいろな格言を残してきた。「良い戦争、悪い平和はあったためしがない」は、平和主義者や反戦論者の世界観にマッチしている。平和を維持することの至高性を確信し、正当化される戦争は一つもないと考える人々がいる。それでは「平和」とは何なのか。戦いが行われず、現在の政治的支配体制が続くことなのか。例えば米国の独立戦争はどうだろうか。独立戦争では多くの血が流れたが、英国による植民地支配に忍従して「平和」を維持すべきであったのか。

　「汝平和を欲さば、戦いへの備えをせよ」という格言は、国防の努力が重要であると考える人の考え方を表現している。戦争のためではなく、平和のために軍備を整えるべきであるという考え方は、平和主義者の考え方と相容れない。それでは「平和」とは何か。自国が攻撃されないことなのか。古来、国家は自衛のためと称して多くの戦争を遂行してきた。軍備増強の目的が平和なのか侵略なのか、どのように見分ければいいのか。軍備と戦争に対して、人々はそれぞれの見方を持っているが、戦争と平和の意味を十分に吟味せずに、主観的あるいは情緒的に判断することが多いのではないか。客観的に確認できる事実をもとにして考察しなければ、軍備と戦争の因果関係の考察は前進しない。

　軍備と戦争の関係について、人類の歴史は何を教えてくれるだろうか。

第 1 章　軍備管理の歴史と概念

　第一次世界大戦が起こる前に、ヨーロッパでは軍拡競争が激化していた。人々は、軍拡競争は戦争に結びつくという教訓を得た。戦争に懲りた英国やフランスは、ヒトラーの軍備増強と軍事侵略に対して、外交交渉を通じた妥協で食い止めようとして失敗した[20]。軍事的優位に立ったドイツはパリを占領した。英国も空爆を受け、ドイツに支配される可能性があった。人々は、戦争を回避し、独立を守るためには軍備が不可欠であることを悟った。過去の戦争はそれぞれユニークなものであり、得られる教訓は様々である。軍備と戦争の因果関係に関して、歴史は明確な答えを教えてくれない。将来、戦争が起こる可能性、起きたときの展開や結果を予測することは不可能である。

　それでは国際政治の研究は、どこまで進んでいるのか。これまで多数の国際政治学者が、戦争の原因の究明に取り組んできたが、研究者によって見方は異なり、結論は出ていない。国家の戦争を引き起こす単一の原因を特定できない状態が続いており、戦争を説明する理論の構築の難しさが指摘されている[21]。

（3）軍備管理論か軍縮論か

　軍備と戦争との因果関係について、何か拠り所になる事実あるいは理論があれば、軍備管理か軍縮かの選択は容易になるかもしれないが、そのようなものは存在しない。軍備のあり方に関して、「軍備管理論と軍縮論のいずれが正しいか」という問いには確定した答えはないのである。軍備管理論者も軍縮論者も、自分の立場の正しさを主張し、相手の立場の問題点を指摘する材料は持っているが、完全に論破するほどの材料は持ち合わせていない。どちらかの優勢勝ちを決める審判もいない。戦争と平和の問題は非常に複雑で、現在の国際社会の仕組みが維持される限り、答えは出ないと思われる。

　だからといって、この難しい選択を何時までも先送りすることはできない。国家の判断と対処を必要とする多数の安全保障問題が存在している。主観的な判断になるが、著者は、今まで見てきた国際社会の現実を踏まえ、軍備管理の立場を選択している。軍縮論者の懸念（軍備増強と軍拡競争が戦争のリスクを高める）を著者も共有するが、そのリスクを恐れるあまり、現実化している軍事的脅威に対処するための軍事力の確保を怠ることはで

きない。ただし、無制限あるいは一方的な軍備増強は望ましくなく、軍事的な対立があっても、軍備管理の可能性を常に探るべきであると考える。

軍縮論者の立ち位置には幅がある。国際社会の現実を的確に認識し、軍事的脅威の存在を認めた上で、可能な限りの軍備削減を希求する現実的あるいは漸進主義的な軍縮論者もいる。軍備管理論者の中にも、タカ派とハト派がおり、ハト派の軍備管理論者は軍備制限と軍拡競争の防止に格別な配慮を払う。イシューによっては現実的な軍縮論者とハト派の軍備管理論者の差は小さく、ほとんど変わらぬこともある。軍備管理と軍縮論の接近は可能であるが、軍備に対する基本的な考え方の違いが融合することはないだろう。軍備管理論の古典の一つである『軍備管理・軍縮・安全保障』では、次のように述べられている。「軍備は安全保障を確保するための手段とされてきた。軍備がなければ平和は守れない。軍備があればこそ危険に対処できる」*22。国家の安全保障政策は、軍備管理論に立脚すべきであり、世界の国々は軍備管理論に基づいた安全保障政策を実施している。

*1 Stanley M. Burstein, "Arms Control in Antiquity", Richard D. Burns, ed, *Encyclopedia of Arms Control and Disarmament, Vol. II*, Charles Scribner's Sons, 1993, p. 554.
*2 1817年に米国と英国が結んだラッシュ・バゴット（Rush-Bagot）協定を、最初の軍備管理条約と見る見方がある。米英戦争（1812年）の終結後、両国は互いに相手の戦艦による奇襲攻撃を受ける可能性を懸念し、戦艦の建造にかかる費用の負担を嫌って五大湖における戦艦の配置数、戦艦の種類、建造に関する規制を設けることに合意した。
*3 Burns, *Evolution of Arms Control*, p. 23.
*4 Burns, *op. cit.*, p. 2.
*5 冷戦後に発足したASEAN地域フォーラム（ARF）では、大量破壊兵器と弾道ミサイルの拡散などが議論されている。印パ間の信頼醸成の対話も、両国が核保有国になったことから、重要性が一層高まっている。軍備管理の全体像を描くためには、このような地域レベルの取り組みにも目を配る必要があるが、グローバル軍備管理問題を扱うだけで手一杯なため、本書では取り上げないことにした。
*6 Henry W. Horbes, *The Strategy of Disarmament*, Public Affairs Press, 1962, quoted in Richard D. Burns, *op. cit.*, Vol. II, p. 3.

第 1 章　軍備管理の歴史と概念

＊7 William Epstein, *Disarmamet: Twenty-five Years of Effort*, Canadian Institute of International Affairs, 1971, pp. 3-4.
＊8 Jeffrey A. Larsen and James M. Smith, *Historical Dictionary of Arms Control and Disarmament* , Scarecrow Press, 2005, pp. 78-79.
＊9 Thomas C. Schelling and Morton H. Halperin, *Strategy and Arms Control,* Twentieth　Century Fund, 1961. Hedley Bull, *The Control of the Arms Race: Disarmament and Arms Control in the Missile Age*, Praeger, 1961.Donald Brennan, *Arms Control, Disarmament, Security*, G. Braziller, 1961（この著書は日本でも翻訳出版された。D.G.ブレナン編（小谷秀二郎訳）『軍備管理・軍縮・安全保障』鹿島研究所／日本国際問題研究所、1963 年）。
＊10 ブレナン編『軍備管理・軍縮・安全保障』、32頁。
＊11 arms control の日本語訳として「軍備管理」が定着しているが、この訳語の適切性に関して著者はつねづね疑問を感じている。1973年に出版された高坂正堯・桃井真共編『多極化時代の戦略』（日本国際問題研究所）の中で使われている「軍備コントロール」という訳語が適切であったと考えている。「管理」に相当する英語は management である。管理という言葉は、例えば会社や事務所の管理のように、制度と秩序が存在する組織体の運営を指すことが多い。arms control は、核軍拡競争を停止させる見込みがない状況において、競争の激化を食い止めようという発想から生まれた言葉である。兵器の開発や拡散はダイナミックな現象であり、軍備コントロールと訳すほうが実態に合っている。
＊12 Thomas Schelling and Morton Halperin, *Strategy and Arms Control*, Twentieth Century Fund, 1961, p. 3.
＊13 戦略的安定とは、放置すれば激化していく軍拡競争に歯止めをかけること（軍拡競争の安定化）と、危機が生じたときに軍事的緊張のエスカレーションを抑えること（危機の安定化）を意味する。
＊14 Jeffrey A. Larsen and James M. Smith, *Historical Dictionary of Arms Control and Disarmament* , Scarecrow Press, 2005, p. 149, p. 177,
＊15 坪内淳「「信頼醸成」―国際安全保障理論の新たな視角」『早稲田政治公法研究』51号、1996年4月。
＊16 Larsen and James M. Smith, op. cit., p. 57.
＊17 紀元前4世紀のクセノポンの著書『ギリシア史』では、ギリシャ軍の指導者がペルシャ軍の指導者に次のように述べたとされている。「ペルシャ軍は、まるでギリシャ軍が敵であるかのようにわれわれの行動を観察している。われわれもギリシャ軍を注意深く観察している。われわれはペルシャに危害を加えることは考えていない。互いの不信感を終わらせるために話し合いたい。攻撃をし

かける意図がないのに、言われなき中傷や猜疑心によって恐怖が高まり、やられる前に先に攻撃するようなことがあれば、取り返しのつかないことになる。この種の誤解は対話によって解消するのが一番であり、そうすればペルシャ軍がギリシャ軍に対して不信を抱く理由はなくなるだろう」。Thomas C. Schelling, "Confidence in Crisis," International Security, Spring, 1984.

＊18 Colin S. Gray, "The Urge to Compete: Rationales for Arms Racing, World Politics, "January 1974, pp. 210-227. *House of cards: Why Arms Control Must Fail*, Cornell University, 1992.

＊19 日本では「白旗赤旗論争」という防衛論争が1979年に起きた。著名な経済学者で国際的評価も高かった森嶋通夫が、「もし日本がソ連に武力侵略されたら、日本はソ連と戦わず、白旗と赤旗を掲げて降伏すればよい。そうすれば被害が少なくて済む。非武装中立が日本のとるべき選択肢である」と主張した。

＊20 当時の厭戦気分の象徴として、マジノ線が引き合いに出されることが多い。1930年代、フランスはドイツの国境線沿いに大規模な要塞を構築、当時の陸軍大臣の名前をとってマジノ線と呼ばれた。要塞の中には、兵員と武器弾薬を運搬する電車が走り、映画館とサン・ルームが用意され、エアコンまで完備された。守備範囲はフランスの東側のわずか140キロであったが、当時のフランス人はマジノ線があるからドイツは攻めてこないと信じた。

＊21 野口和彦『パワーシフトと戦争―東アジアの安全保障』東海大学出版会、2010年。

＊22 D.G.ブレナン編（小谷秀二郎訳）『軍備管理・軍縮・安全保障』鹿島研究所／日本国際問題研究所、1963年、96頁。

第2章
軍備管理と国際政治

　軍備管理は国家の安全保障政策の一つとして立案され、実施されている。多数の安全保障問題を生み出す国際社会は、どのような仕組みになっているのか。軍備管理の役割が求められる今日の安全保障課題は何か。他の安全保障政策と比べて、軍備管理の特徴は何か。現存する多数の軍備管理条約と制度の成立を主導してきた米国は、どのような課題を抱えているのか。

1．国際社会の仕組みと軍備管理

（1）主権国家の併存
　国際社会は主権国家で成り立っている。主権とは、国家のみが持つ最高権力であり、国家は主権を持つことによって、国民を法と制度に服従させ、軍事力によって外国の侵略と圧力を退け、国家の独立と自由を確保する。国連憲章では、すべての加盟国の主権は平等であるという原則が定められている。諸国間の国力の差は大きく、平等に扱われないことも多いが、主権国家の上位に位置づけられる存在はない。国内社会では違法行為や暴力行為は国家機関が解決するが、国際社会にはそのような実力と正当性を持つ主体は存在しない。
　国際社会は無法世界ではない。第一次世界大戦後、戦争の違法化への国際努力が積み上げられ、国連憲章では「国際紛争は、武力ではなく平和的手段で解決しなければならない」と記載されている。しかし、武力の行使は現に起きており、国際法は不完全である。
　国連をはじめとする国際機構、国家間の条約、多国間で約束された合意などの国際制度は、諸国家の行動を制約し、国際社会に一定の秩序をもたらしている。しかし、国際秩序が保たれる保証はなく、破られることもある。イラクは化学兵器の使用禁止を定めたジュネーヴ議定書に署名してい

たが、対イラン戦争中に化学兵器を使用した。国家は対外的な約束を破ることがあり、国際制度がもたらす秩序は強固なものではない。

　国際社会には、国際規範（あることを「すべきである」あるいは「してはならない」と命ずる規準）も存在する。「核兵器を拡散させてはならない」という考え方は、核不拡散条約（NPT）で規定されているだけなく、世界の大多数の国と国民が尊重する国際規範になっていると思われる。しかし、北朝鮮のように、核実験を繰り返して国際社会の懸念を煽る国も存在する。国際規範の力にも限界がある。

　軍備管理は国際制度や国際規範によって支えられているが、国際制度と国際規範に従わない国が存在する。主権国家の併存と主権国家の平等原則という国際社会の仕組みの中で、国家は自国の生存と繁栄を最優先させて行動している。軍備管理の役割には、自ずと限界がある。

（2）軍備管理への国家の対応

　国家は軍備管理にどのように対応してきたのか。核兵器の軍備管理に関しては、世界の大多数の国が参加するNPTが存在するが、NPTを中心とする核不拡散体制の枠内に収まらない国がいくつかある。インドは、NPTの成立時から条約の不平等性に強い不満を表明して加入を拒否した。1974年に最初の核実験を行ったとき、「この核実験は平和目的であり、核兵器を製造する意図はない」と釈明したのは、国際規範（核兵器を持つことは良くない）の力が働いていたからであろう。しかし、インドの自制は永続的なものではなく、1998年に核実験を行ったときは、「インドは今や核保有国である」と堂々と宣言した。国際社会における自国の地位の向上とパワーの増大を意識して、インドは核兵器保有に踏み切ったと見られる。

　インドと軍事的な緊張関係にあるパキスタンは、インドの核政策に敏感に反応してきた。NPTへの参加を当初から拒否し、インドの将来の核保有を常に視野に入れて、核兵器の製造能力を高めていった。インドが1998年に核実験を実施すると、国際社会からの強い要請があったにもかかわらず、核実験を強行して核兵器を保有した。安全保障を最優先課題とする国益を守る観点から、核兵器を持つ必要があると判断した国は、普遍的な軍備管理条約に逆らってでも核兵器の保有に向かう。

　北朝鮮はかつてNPTの加盟国であったが、秘密裏に進めていた核兵器

第 2 章　軍備管理と国際政治

計画が国際原子力機関（IAEA）の査察によって冷戦後に発覚した。米朝二国間協議と六者協議が行われたが、2003年に NPT から脱退した。核実験と弾道ミサイル発射実験を繰り返す度に、国際社会から強い非難を浴び、国連から経済制裁を受けてきたが、北朝鮮は「誰も侵害できない主権国家の正当な自主権行使である」と主張し続けている。NPT を含めすべての条約は、加入も脱退も各国家の自由とされている（NPT では、締約国と国連安保理に3ヵ月前に脱退を通知すればよい）。NPT 体制は、一定の期間、北朝鮮の核開発にブレーキをかけたが、北朝鮮の核保有を阻止できなかった。

　このように核不拡散問題に関しては、軍備管理のアプローチによる解決が不成功に終わった事例はあるが、にもかかわらず世界の大多数の国が NPT 体制の維持と強化を望んでいる事実も重視しなければならない。南アジアと北東アジアでは新たな核保有国が出現したが、世界全体で見れば非核政策を堅持している国が圧倒的多数を占めている。中東ではイランの核開発計画の進展が懸念されていたが、米欧など6ヵ国との協議の結果、イランの核開発を長期間にわたって制限する合意が2015年に成立した。国家間の利害が深刻に衝突する場合でも、国家指導者たちが妥協すれば、軍備管理の合意は可能である。もともと軍備管理は、その実現可能性が不確実視される状況下で模索的に始まった。第一次戦略兵器制限交渉（SALT‐I）を米国がソ連に働きかけたとき、ソ連が応ずるかどうかの見通しは立っていなかったのである。

　実現可能性が乏しいと見られる場合であっても、軍備管理の合意が成立する可能性への希望を捨て去るべきではない。一方、軍備管理条約を順守せず、禁止された兵器を秘密裏に開発・製造する国があることにも注意する必要がある。軍備管理の条約や合意の遵守は、検証によって確認されるが、検証によってすべての活動が把握されるわけではない。また、技術的に困難であるという理由で、検証規定が設けられない軍備管理条約もある。軍備管理は、合意が成立した後もリスクが存在する政策なのである。そのため、軍備管理の合意が守られなかった場合、あるいは一度成立した合意から国家が撤退した場合への準備が必要になる。軍備管理は相互の譲歩と約束履行によって支えられており、約束を守らぬ国が出れば、約束を守っている国の安全は脅かされる。「正直者が馬鹿を見る」ことになれば、軍備管理によって国家の安全が低下する事態も起こり得る。

国家は自国の利益を最優先させて行動する。利害が一致すれば他の国家と協力し、利害が衝突すれば対立する。国連の安全保障理事会は軍備管理問題に重要な影響を及ぼすが、鍵を握る常任理事国の間の利害関係は複雑である。北朝鮮の核問題では、米中間と米ロ間の対立によって北朝鮮への国際圧力が弱められることがある。英国とフランスは、基本的には米国の政策を支持するが、フランスは米国のイラク戦争（2003年）に公然と反対した。イランの核協議では五大国が一定の範囲で歩み寄り、ドイツの参加を得て合意が成立した。影響力の大きい大国が協力するか否かによって、軍備管理の成否が分かれることが多い。

　先進国と途上国の間の摩擦が軍備管理には影響を及ぼすこともある。安保理の常任理事国は NPT 体制下の核兵器国であり、多数の途上国が含まれる非同盟諸国は核兵器国の特権的地位を批判している。5年に一度開催される NPT 再検討会議では、核兵器国の核軍縮努力が足りないとして非同盟諸国が糾弾し、核兵器国と対立するパターンが繰り返されてきた。先進国間の関係も単純ではなく、カナダやノルウェーなどは、軍備管理の分野で大国と異なる独自の行動をとることがある。対人地雷禁止条約ではカナダが、クラスター弾禁止条約ではノルウェーが条約成立に向けてイニシアティヴを発揮した。武器貿易条約（ATT）も「ミドルパワー」（大国ほどではないが、一定の国際的影響力を持つ中規模国家）が主導し、武器輸出大国の米国、中国、ロシアは「蚊帳の外」に置かれた。軍備管理に対する国家の利害と対応は複雑であり、世界の安全保障のための協力を実現することは容易ではない。

（３）国際社会の変化と継続

　国際社会は時代とともに変容する。今日の国際社会は17世紀半ばに成立した近代国家システムの延長線上にあるが、そのシステムの基盤を揺さぶる新たな出来事が起きている。超国家的あるいは脱国家的な主体が登場し、主権国家のみが持つとされた能力や機能の一部が侵食されている。多国籍企業、国際 NGO、非国家主体（国家以外の勢力や個人、テロリストや民間人）の活動に対して、国家のコントロールが利かないことがある。民間軍事会社の増大など、軍事の領域でさえも国家の独占が崩れている。経済的貧困や紛争が長期化している地域では、国家の基本的な機能（立法・行政・司

法）を果たせず、自国の領土を完全に統治できない国が存在し、「破綻国家」と呼ばれている（シリア、イラク、アフガニスタン、ソマリアなど）。

　国際システムの変容を示す言葉の一つに、「グローバリゼーション」がある。インターネットの普及に代表される脱国境化が急速に進展し、距離と時間のハードルも乗り越えて、ヒト・モノ・カネ・情報が自由に世界を行き来する時代になった。国家を隔てていた壁が穴だらけになり、兵器とその技術の拡散が容易になった。このような新たな現象を国家はコントロールできず、グローバリゼーションの進展はさらに加速すると見られる。国際政治の研究者の間では、国家の主権が衰退しているとする議論が浮上している。今日の軍備管理条約や制度は、伝統的な国際システム（主権国家の併存と国家間対立）を前提にして形成された。国家の主権からはみ出す問題に対して、新しい思考とアプローチで対応する必要がある。

　しかし、それでも国家の主権は厳然と存在している。国家の目の届かないところで兵器と技術が拡散しているが、それを発見して必要な規制を行うことは国家の任務である。非国家主体の能力と脅威がどんなに大きくなろうと、国民の安全を守るものは国家以外にあり得ない。国家の主権は、国家の地位と国民のアイデンティティと深く結びついている。国家主権に対する人々の意識は21世紀に入っても基本的に変わっていない。ナショナリズムが少しも衰えていないことは、領土問題やオリンピック開催時の各国民の反応を見れば明らかである。主権国家から主権を剥奪する勢力は存在せず、自ら主権を譲り渡す国は一つも存在しない。そこに今日の軍備管理の難しさが存在する。破綻国家と呼ばれる国であっても、主権国家である以上、その国の領土で発生する安全保障問題に対して国際機関や大国が行使できるパワーには一定の制限が存在する。欧米や日本などの先進国は、グローバリゼーションや主権の衰退が自国にもたらす脅威に対応するのと同時に、主権を主張して独立を守ろうとする破綻国家に対して適切な軍備管理政策を実行していくことが求められている。

２．今日の安全保障課題と軍備管理

（１）内戦とテロの脅威の拡大

　冷戦の終結は平和な時代の到来をもたらさず、世界各地で起こる内戦とテロによって、むしろ冷戦中より多くの血が流れている。冷戦中の内戦は米ソ対立の構図のなかで起きたが、冷戦後の内戦は、ユーゴ内戦のように積年の民族対立が噴出したものが多い。一つの国家のなかで、自制を求める国際社会の働きかけを無視する形で、歯止めのきかない暴力行為が起こるようになった。冷戦中に世界各国が蓄積していた武器が、冷戦後に国家や武器商人によって内戦の当事者たちに出回り、戦闘の激しさと被害を大きくした。シリアの内戦では化学兵器が使用された。内戦の頻発により、通常兵器と大量破壊兵器の不拡散問題は新たな困難に直面している。

　国際テロの脅威の拡大は、今日の国際安全保障の最重要課題の一つである。米国が襲われた「9.11テロ」（2001年）やロシアで起きたモスクワ劇場占拠事件（2002年）など、軍事大国にテロリストが公然と挑戦する時代が訪れた。インド、英国、インドネシア、フランス、ベルギーなど世界の国々でテロが起きており、「イスラム国」を名乗る集団まで出現した。メアリー・カルドーは「新しい戦争」（new wars）という言葉を提示し、国家が過去に経験したことのない、新しい安全保障課題が浮上していると論じた*1。近代国家システムの成立以来、戦争は、領土と主権を備えた近代国家の正規軍が国境を挟んで対峙し、国家の生存と国益をかけて戦った（旧い戦争）。グローバリゼーションによって国際システムの一部が切り崩されるなかで、非国家主体の破壊行為が容易になり、その規模と範囲も大きくなった。自己のグループの利益や価値観の実現を目指し、自分たちと相容れない国家、社会、一般市民に対する憎悪を募らせて、破壊行為に走る。今日の国家は、テロリスト集団、犯罪組織、傭兵部隊などを敵として、「新しい戦争」を戦わなくてはならない。

　内戦とテロの増大は独立の事象ではなく、相互に関連している。内戦は破綻国家で起こることが多く、破綻国家はテロリストを生み出しやすい。内戦とテロの脅威は冷戦時代から存在していたが、冷戦後はその頻度が増大し、地理的範囲が拡大している。特にテロの脅威はすべての先進国に共

通するグローバルな課題となった。したがって、内戦とテロは、新しい脅威の出現として認識すべきであり、新しい思考とアプローチで対処していく必要がある。

内戦やテロでは、爆弾や小銃が多用されている。爆弾や小銃が世界の紛争地域やテロリストに流出することを防止することの重要性が大きくなっている。テロリストのなかには、アルカイダのように大量破壊兵器を入手する意図を表明する集団もおり、大量破壊兵器テロの脅威が浮上している。大量破壊兵器とその技術がテロリストの手に渡らない方策を講ずることが軍備管理の最重要課題の一つになった。

（２）伝統的脅威の持続

新しい脅威が出現したからといって、旧い脅威が消えたわけではない。冷戦が終わった直後にイラクのクウェート侵攻があり、湾岸戦争につながった。朝鮮半島の軍事的緊張は少しも緩和されていない。インドとパキスタンの間の軍事的緊張は、両国が核兵器を保有したことにより一層重大な意味合いを持つことになった。イランとサウジアラビアの対立が示すように、中東地域の安全保障環境は依然として不確実性が大きい。北東アジア、南アジア、中東で軍事衝突が起こるリスクは冷戦後も持続している。

今日の米国とロシアの関係は、冷戦時代の米ソ対立とは性格が異なるが、ロシアは民主主義の政治システムに転換しておらず、大国復活を目指すプーチン大統領の対外政策が国際安全保障の諸領域で米国との対立を生んでいる。軍事大国化の道を歩む中国と米国の間にも、様々な軋轢が生じている。近代国家の成立以来、戦争はその時代に最も国力のある大国と、新たに台頭した大国の間で戦われてきた。米欧の安全保障研究者たちの間では、「相互依存が深まり、経済、環境、安全保障など多数の領域が複雑に絡み合う今日、世界の先頭を争う大国間で戦争が起こる可能性はなくなった」という見解がある*2。一方、「20世紀前半も国家間の相互依存関係はあったが、戦争は発生した。将来も大国間の戦争は起こりうる」とする別の見解もある*3。

安全保障研究者の論争は、事柄の性格上、現在は決着がつくものではないが、大国間の軍備競争が近い将来に終息することは考えにくい。米中ロの国防政策や兵器開発の動向を見ると、軍事バランスや能力の格差に対し

て敏感な考慮が見られる。本格的な軍事衝突が起こる蓋然性は小さいとしても、限定的あるいは偶発的な軍事衝突や軍事的危機が起こる可能性は等閑視できない。軍事力の目的は戦争で勝利することだけではない。譲歩できない重大な問題をめぐり国家間に深刻な対立が生じたとき、軍事力の優劣が国家の戦略計算に与える効果は大きい。自国より強大な軍事力を持つ国から圧力を受ければ、重大な政治外交的な国益を犠牲にする譲歩を余儀なくされる恐れもある。

（3）軍備管理の試練とチャンス

　国際社会の変化がもたらした新たな脅威（内戦とテロ）と、持続する伝統的脅威（地域紛争のリスクと軍事大国間の対立）の両方に、同時に対処していかなければならないところに、今日の軍備管理の困難がある。国際社会の制度や規範を尊重しない国家に対処するだけでも大仕事であるのに、国家の枠を飛び越えて脅威をもたらすテロリストから国民を守る任務が追加された。内戦への対処には、主権国家の壁が立ちはだかる。軍備管理は大きな試練に立たされている。新しい脅威は、国家のコントロールが利かないところで生まれている。インターネットなどを利用し、テロリストは国家の知らないところで兵器・技術を入手している。民間人が個人的な利益や興味で政府や企業の内部に侵入し、そこで得られたデータがテロリストに渡る可能性もある。非国家主体の監視を強化する必要性が高まっているが、個人の自由と人権の尊重、社会の開放性を守る先進国の法制度は維持されなければならない。

　新しい脅威の出現に対して、国際社会は一致協力して取り組むべきなのに、国家間の対立によって伝統的な脅威に共同対処できないことがある。核実験を繰り返す北朝鮮に対して中国は融和的な姿勢をとり続けている。中国の行動は、北朝鮮の暴発や難民の大量発生への恐れがあるといわれるが、国際政治の諸領域における米中二国間の対立も影響している。核開発を続けるイランに対するロシアのミサイル輸出には、武器輸出から得られる利益という側面があるが、やはり米国との対立が影を落としていると思われる。国際的影響力の大きい米国、ロシア、中国がもっと協力すればグローバルな軍備管理問題に効果的に対応できるはずであるが、米ロ対立と米中対立に妨げられている。

第2章　軍備管理と国際政治

　軍備管理の前途は多難であるが、悲観主義に陥ってはならない。世界が大きく変わるとき、新しいチャンスが開けることもある。内戦とテロの脅威がこれだけ拡大した以上、世界の国々は新たな脅威に対処するために、今まで以上の国際協力を実行せざるを得ない。米国、ロシア、中国が今まで以上に歩み寄れば、従来の大国間対立が緩和される糸口になるかもしれない。これまでグローバルな軍備管理問題は、米国が主導し、ロシアと中国がそれに応ずる形で取り組まれてきた。シリアの内戦中に発生した化学兵器問題では、ロシアがアサド政権に影響力を行使し、化学兵器の全廃と化学兵器禁止条約（CWC）への加入を認めさせた。人権問題を抱えるアサド政権を武器輸出などでサポートしてきたロシアは米欧から強く非難されてきたが、化学兵器の不拡散に関しては重要な貢献を果たしたといえる。ロシアが影響を持つ国はシリア以外にもある。米ロ中の軍事力のかなりの部分は、大国間の戦争あるいは軍事的危機を想定したものであり、その経済的負担は大きい。3つの軍事大国の対立が緩和され、対テロ戦争により多くの資源を投入し、テロの脅威を封じ込めていくことが望まれる。

3．安全保障政策と軍備管理

　国家は、軍備管理政策を含め、様々な安全保障政策を実施している。軍備管理に関連する安全保障政策との比較において、軍備管理の特徴と利点を確認する。

（1）軍備管理に関連する安全保障政策
説得外交
　外交による平和の維持と戦争回避の試みは、国家の安全保障政策の最も基本的な方法であり、外交は恒常的に行われている。友好関係にある国家間においても、軍備管理に関連して相手国に意見を述べることがある。インドとパキスタンが1998年に核実験を行ったとき、友好国の日本は両国に強く抗議し、核兵器の不保有と包括的核実験禁止条約（CTBT）への加盟を求めた。不信や対立が存在する国家間で、安全保障や軍備に関する協議が行われる場合は、互いに心理的な緊張を伴うが、話し合うだけならリス

クは小さく、国家は応ずるのが普通である。ただし、対立が非常に厳しい国家間、あるいは国際社会から孤立した国家の場合は、外交的な接触すら難しいことがある。

　ある国の兵器の開発ないし保有が国際的な懸念を高めている場合、有力な大国（例えば米国）がその国に外交的に働きかけて、望ましい方向への誘導を試みることがある。ウラン濃縮を続けるイランに核開発疑惑が高まったとき、英独仏はイランと外交協議を行い、IAEAの査察に協力するよう説得した。この説得外交が成果を出せなかったため、国連安保理による経済制裁が実施された。やはり核開発疑惑が向けられたリビアの場合は、米国と英国の情報機関による密かな働きかけが成功し、リビアは核計画を放棄したといわれている。軍備管理は外交交渉を通じて、特定の兵器の規制に関する合意を成立させ、それを条約や協定の形で文書化するものである。当事国は合意文書に拘束されるため、自国に少しでも有利な内容にしようとするため、交渉が長引くことが多い。説得外交によって問題が解決されれば、軍備管理交渉を行わなくても済む。

信頼醸成措置（CBM）

　信頼醸成措置（CBM）については既に述べた（第1章2）。冷戦中は主としてヨーロッパで取り組まれ、誤認や偶発事故による武力紛争の発生の防止を目的として、軍事情報の交換と透明化、軍事演習の事前通告などが実施された。その後、CBMの内容は多様になり、冷戦後はASEAN地域フォーラムの安全保障対話や、安全保障をテーマとする国際会議や報告書にもCBMという言葉が使用されている。弾道ミサイルの不拡散や宇宙の軍備管理に関してもCBMの取り組みが行われている。今日では、国家間のコミュニケーションによって相互の不信感と脅威感を小さくする外交的試みにCBMという言葉が使われている。CBMは軍備管理と密接に関連し、軍備管理と補完関係にある。

軍事力（防衛力）による抑止と対処

　軍事力（防衛力）は、国家の安全保障政策の支柱である。敵対国や対立国の武力攻撃の抑止、軍事的圧力への対処、武力侵略の排除などは、軍事力以外の手段では実行できない。軍備管理による平和の維持が失敗したとき、あるいは軍事衝突が起こり得る危機が発生したとき、国家の安全は軍事力に頼らざるを得ない。大量破壊兵器と弾道ミサイルの拡散が軍備管理

の最重要課題とされており、これらの兵器が使用された場合に備えて、ミサイル防衛システムなどの防御能力を持つことが必要とされる。

経済制裁

　国際安全保障あるいは地域の安全を脅かす行動をとる国に対して、国連あるいは特定の国家が経済制裁を行うことがある。輸出入の停止、在外資産の凍結、信用供与や経済協力の停止など、経済制裁には様々な措置がある。安全保障上の問題国に経済上の損失を与えることにより、政策の変更を要求する。湾岸戦争後、大量破壊兵器の国際査察に対する協力を拒んだイラクは、国連と米国から長期間の経済制裁を受けたが、政策を改めなかった。イランに対する経済制裁は同国内の世論に影響を及ぼし、核開発問題を協議する軍備管理交渉の開始と妥結に一定の効果があったと見られている。

拡散防止構想（PSI）

　拡散防止構想（PSI）は、米国のイニシアティヴによって冷戦後に始まった新しいタイプの安全保障政策である。大量破壊兵器の関連資機材の不法移転に共同で対処する目的で、90を越える国が参加している。不法移転の疑いの濃い船舶に対する公海上の臨検措置を行うために合同訓練や関連情報の交換が行われている。PSIの成果としては、リビア向けの遠心分離機部品の移転がPSIを通じて発見され、パキスタンのカーン博士が行った核の闇取引が発覚したことがあげられる。

武力行使（軍事力の攻撃的利用）

　米国主導で2003年に戦われたイラク戦争は、大量破壊兵器の核拡散問題を軍事力の攻撃的使用による解決を目指した事例である。「9.11テロ」を受けたブッシュ政権は、イラク国内に残存する大量破壊兵器と弾道ミサイルがアルカイダなどのテロリストの手に渡る可能性を危惧した。米国は英国とともに多国籍軍を編成して戦争に突入した。戦争は短期間に終わったが、大量破壊兵器の存在は確認されなかった。サダム政権の崩壊後、シーア派とスンナ派の衝突によりイラクは混乱状態に陥り、周辺諸国の情勢も悪化した。イラク戦争には30を超える国が参加したが、戦闘に参加した多国籍軍の中で米軍の役割は突出していた。武力行使による問題解決が安全保障の選択肢になり得る国は、一部の軍事大国に限られる。

（２）軍備管理の特徴と利点

　軍備管理の特徴と利点について他の政策と比較しながら考えてみたい。安全保障上の懸念国に対する説得外交は、それを実施する国と対象国の双方にとって「リスクと負担」が最も小さい。対象国は、懸念の表明を聞き流すだけで済ませることができる。軍備管理は特定の兵器の規制を約束するものであり、軍備管理の合意は権利と義務を規定するため、説得外交よりもハードルが高い。軍備管理交渉の開始に応じることは、交渉中に何らかの譲歩を要求されることを意味するからである。とはいえ、軍備管理の協議は会議室で行われるのであり、経済制裁やPSIのように外国から一方的に実行される措置とは性格が異なる。兵器の直接的な規制を求めぬCBMは、軍備管理より受け入れられやすいが、脅威削減の効果は限定的である。防衛力による抑止と対処は、それが純粋に防衛目的で行われたとしても、対立国の反発と警戒を招く可能性がある。

　脅威の削減がどこまで実現されるかという「実効性」の観点から見ると、国家の具体的な行動（特定兵器の規制、合意内容の検証）を伴う軍備管理は、説得外交やCBMより勝っている。ただし、軍備管理合意が成立するかどうかは未定である。また、成立した合意が遵守されるとは限らない。経済制裁の効果にも不確実性がある。PSIによって、大量破壊兵器の関連資機材の不法移転を阻止しても、大量破壊兵器の生産基盤は直接的な影響を受けない。懸念国の政策が変更されぬ限り、脅威の完全な除去の手段としては武力行使が最も強力ということになるが、戦争の被害は甚大であり、戦争終結後の混乱が新たな安全保障問題を作り出す。防衛力による抑止と対処は、危機的状況あるいは有事の際に不可欠である。

　軍備管理には「非論争性」という利点がある。軍備管理は説得外交やCBMとともに、最も多くの人の賛同を得やすい政策である。大量破壊兵器を規制する条約には、世界の大多数の国が加入しており、幅広い支持がある。軍備管理のアプローチが成功するかどうかはケース・バイ・ケースであるが、軍備管理による解決を試みることへの反対は少ない。経済制裁は対象国の強い反発を招き、一般市民の犠牲が大きくなると、人道的観点から批判が強まる。PSIに対する世界諸国の見方は様々で、参加しない国も少なくない。最も論争的な政策が武力行使であることは言うまでもない。米国主導のイラク戦争は、米国内のみならず北大西洋条約機構（NATO）

諸国の間に深刻な対立をもたらした。防衛力による抑止と対処も、対象国の反発を招くため論争性が大きい。

　軍備管理には「双務性」という特徴がある。経済制裁、PSI、武力行使は、懸念国に対して一方的に行われる措置であるのに対して、軍備管理では国家間の協議を通じて妥協点が探られる。協議を通じて成立した合意では権利と義務が定められ、ギヴ・アンド・テイクの相互関係が生まれる。合意の履行を求められることで当事国の行動は制約を受け、リスクとチャンスを共有する。また、交渉団が協議を繰り返すなかで、相手国の事情や指導者の見方に関する情報が得られる（情報収集機能）。どのような点に安全保障上の懸念を抱いているかを、相手国に伝えることもできる（情報伝達機能）。軍備管理の合意が成立しなくても、このような双方向のコミュニケーションは有益である。

　軍備管理には「可逆性」という利点がある。武力行使は、一度踏み切ったら後に引き返せず、戦争開始前の状態に戻ることはできない。軍備管理の協議はこのような物理的ダメージを発生させず、互いが納得するまで何度でもやり直すことができる。交渉が決裂すれば交渉開始前の状態に戻るだけで、当事国の社会に損害が発生することはない。経済制裁には、状況に応じて制裁の規模を加減できる点で柔軟性があるが、制裁が長期化すれば対象国の経済社会に悪影響を残し、一般市民の恨みを買う。

　このように軍備管理にはいくつか利点があるが、それらは欠点にもなり得る。軍備管理交渉は、相手国が応じなければ始まらず、合意が成立する保証はない。安全保障上の懸念国は、経済制裁や武力攻撃を免れようとして、軍備管理を時間稼ぎに利用するかもしれない。国家がとりうる安全保障政策にはそれぞれ利点と欠点がある。それぞれの特徴を活かしながら、そのときどきの状況に応じて最も効果的な選択肢を選ぶしかない。

4．軍備管理と米国

　現存する多数の軍備管理条約の大多数は、米国のイニシアティヴによって成立した。米国は国連をはじめ、多数の国際機構の創設にリーダーシップを発揮し、同盟国及び友好国の協力を得て、世界の軍備管理問題に大き

な影響力を行使している。グローバルな軍備管理問題を理解するには、米国が果たす役割の大きさを知る必要がある。

（1）国際政治と米国

　米国の歴史は、国家や宗教のしがらみから逃れるため、英国から移り住んだ人々が小さな植民地を作った17世紀初めに始まる。本国の干渉と権利侵害に反発して戦争を起し、人間の平等と天賦の権利を国家の理念として独立した。多くの血が流れた南北戦争を経て、民主主義の理想の下に国内が統一された。第一次・第二次世界大戦に参戦して連合国側に勝利をもたらした米国は、民主主義諸国のチャンピオンとしてソ連との冷戦を戦い抜き、冷戦後は唯一の軍事大国となって民主主義と市場経済の拡大を目指している。建国から数世紀の間に驚異的な発展をとげ、超大国になった米国は特異な存在といえる。

　米国のパワーの源泉には、卓越した軍事力がある（その軍事力は経済力と技術力に支えられている）。米国の国防予算は世界最大であり、兵器の研究開発費も群を抜いている。冷戦終結後はロシアとの核軍縮を進めているが、米国は今日でも核超大国である。通常戦力（陸・海・空）の能力も他国を大きく引き離している。空母戦闘群と海兵隊を持つ米国は、世界のどこにでも兵力を投射できる。多数の同盟国に米軍基地を展開し、宇宙開発で世界の先頭を走り、インテリジェンスの能力も傑出している。米国では「軍事革命」が進行中であり、将来の戦争に備えて新しい兵器を次々と開発している。

（2）米国の軍備管理政策

　米国は1960年代前半に軍備管理の概念を取り入れ、ソ連との核軍備管理交渉を行った。ソ連と共同して核不拡散条約（NPT）を成立させ、グローバルな核不拡散体制の仕組みを作った。冷戦時代の最優先課題は東西間の核戦争の防止であったが、ソ連の戦略核攻撃から自国を防御する有効な手段がなかった。そのため米国は、「米欧諸国が軍事攻撃を受ければ、核兵器を使用して報復を行う」という核抑止戦略を採用した。ソ連との軍備管理交渉は、核軍拡競争に歯止めをかけ、東西間の軍事バランスと戦略的安定を維持する重要な手段であった。核抑止戦略と核軍備管理が、米国の国

防政策を支える二つの柱であった。

　冷戦の終結によって東西間に大規模な核戦争が起こるリスクはなくなり、米国の軍備管理政策の最重要課題は大量破壊兵器と弾道ミサイルの不拡散へとシフトした。米国はNPTの無期限延長（1995年）に影響力を行使し、化学兵器禁止条約（CWC）の成立（1993年）にイニシアティヴを発揮した。軍備管理は米国の安全保障政策の柱として維持されているが、冷戦後の新しい脅威に対処するためには軍事的対応も必要になるとして、1990年代のクリントン政権時代から拡散対抗政策（counterproliferation）が実行されている。弾道ミサイルの脅威に対処するミサイル防衛や各種防護措置などの防御能力を高めるとともに、軍備管理による問題解決が難しいと判断されるときには、軍事力で対処する政策を採用している。

　「9.11テロ」を経験したブッシュ政権は、テロリストが大量破壊兵器を使って再び米国を攻撃する可能性を警戒した。イラク国内に大量破壊兵器が残存していると判断したブッシュ大統領は、2003年にイラク戦争を強行した。拡散防止構想（PSI）と安保理決議1540号（国連加盟国の国内テロ対策の義務化を定めたもの）も、大量破壊兵器テロの防止を目的とした新たな措置である。次のオバマ大統領は核テロリズムの脅威への対策を重視し、核物質管理強化のための核サミットを開催して、世界の国々の参加と協力を求めた。米国は、対テロ作戦用の新兵器の開発を進め、インテリジェンス能力を強化している。

　米国の軍事力の卓越性は、湾岸戦争、「9.11テロ」後にアフガニスタンで実行した「不朽の自由作戦」とイラク戦争で実証された。一方、米国の軍事行動は多大な被害と犠牲をもたらし、戦争が行われた国だけでなく、世界各地で反米感情が高まった。「9.11テロ」のような大規模なテロは再発していないが、米国はテロの脅威に常に悩まされている。このような米国の事情が、米国の軍備管理政策に様々な影響を及ぼしている。

（3）世界の国々の対応

　米国は、グローバルな軍備管理の諸制度の維持強化に向けて重要な役割を果たしているが、米国の脅威認識が変化すれば、米国の軍備管理政策も変わっていく。軍備管理問題の多くは米国の判断と行動から影響を受け、米国の政策に対する世界の国々の支持・不支持が、軍備管理の行方を左右

していく。米国の同盟国と友好国は、個々の軍備管理問題に関して常に米国を支持するわけではないが、全体的には米国の政策を支持している。民主主義と市場経済が国家の制度として定着している国は、米国との間に多少の利害の不一致があっても、グローバルな軍備管理の枠組みの維持強化が国益にかなうことが多い。

民主主義と市場経済が未成熟な中国とロシアの国情と国益は米国と異なり、その違いが軍備管理問題をめぐる立場の相違をもたらしている。米中間に生ずる摩擦は、既存の大国と台頭する大国の間の覇権争いの側面もあるが、政治体制や価値観の違いによるところが大きい。米ロ間の摩擦は、プーチン大統領の根深い対米不信や大国復活願望という個人的な要素がもたらす面もあるが、国家体制の違いが背景にある。中ロは自国の法制度や人権問題に対する米国の干渉に強い反発を見せる。民主主義と人権の観点から問題を抱える国（例えばイラン）への中ロの武器輸出は、米中関係及び米ロ関係に摩擦を生じさせてきた。中ロは国連安保理の常任理事国であるが、北朝鮮の核実験と弾道ミサイルの実施に安保理が対応するとき、米国との立場と主張に抵抗することが多い。

中ロ以外では、イスラム世界の諸国が米国主導のグローバルな軍備管理に従わない傾向がある。イスラム諸国と米国の対立の背景には、宗教、文化、価値観の相違と、米国の親イスラエル政策がある。中東のアラブ諸国は、イスラエルの核兵器保有を米国が黙認していることに強い反発を示す。エジプトは、イスラエルのNPT未加入を理由に挙げてCWCの署名を拒否してきた。アラブ諸国は2015年のNPT再検討会議で、中東の非核化を目的とする国際会議の開催を提案して米国と対立し、会議は決裂した。南アフリカなどの非同盟諸国（インドネシア、イラン、マレーシアなどのイスラム世界の国が含まれている）も、米国の政策と距離を置くことが少なくない。冷戦時代から続けられている非同盟諸国会議では、いくつかの国が米国の対外政策を強く非難してきた。

軍備管理問題に関する米国の影響力は大きいが、米国のリーダーシップを歓迎しない国は少なくない。主権国家が併存する国際社会において、各国とも自国の安全と国益を最優先させており、国益の不一致を乗り越えて一つにまとまることは容易ではない。

第 2 章　軍備管理と国際政治

＊1　メアリー・カルドー（山本武彦、渡部正樹訳）『新戦争論――グローバル時代の組織的暴力』岩波書店、2003年。
＊2　マーチン・ファン・クレフェルト（石津朋之訳）『戦争の変遷』原書房、2011年、16頁。
＊3　ジョージ・フリードマン、メレディウス・フリードマン『戦場の未来：兵器は戦争をいかに制するか』徳間書店、1997年、9頁。

第3章
軍備管理のプロセスと仕組み

　本章では、軍備管理条約や合意の成立に関わる主体（国家及び国際機関など）、軍備管理条約の成立過程などについて概説する。軍備管理のプロセスのなかで、検証とインテリジェンスについては新たに節を設け、その重要性を示す事例としてイラクの大量破壊兵器問題について論述する。個々の軍備管理問題を正しく理解するためには、軍備管理の全体的な仕組みを知る必要がある。

1．軍備管理の主体

（1）国　家
　軍備管理は軍備の規制に関する国家間の合意であり、軍備管理条約の交渉は、通常、国家が行う。軍備管理条約と合意の成立と履行は国家の責任である。民主主義国家においては、国家権力は立法、行政、司法の3つに分かれており、外交交渉を行って条約を結ぶ権限は行政府（内閣）に与えられている。外交交渉を主導するのは外務省（米国では国務省）であるが、関係省庁も協議に参加し、政府全体の意見調整が行われる。交渉が終結して成立した条約を承認（批准）する権限は立法府（国会）に与えられている。発効した軍備管理条約の履行は、政府全体の責任である。

（2）国際機関
　国家の集合体である国際機関の場でも条約成立のための交渉が行われる。
国際連合
　国連は、国際平和の維持という使命を果たす目的で軍備管理問題に取り組んでいる。安全保障理事会は、国際紛争を引き起こす事態を調査する権限を与えられており、懸念国に対して決議を採択するなど、様々な措置を

実行している。国連総会は、軍縮をめぐり世界の国々がその主張を自由に表明し、討議を行う場になっている（国連では慣例的に「軍縮」という言葉が使われる）。毎年9月に開かれる総会では、各国の首脳が軍縮に関する演説を行っている。具体的な協議は総会第一委員会で行われる。国連事務総長は、重要な安全保障問題に関して安保理の注意を促すことができ、特定の軍縮問題に対して国際的関心を喚起することがある。ブトロス・ガリ事務総長が1995年に発表した『平和への課題：追補』では、小型武器の拡散の脅威が強調され、その後の軍縮措置の成立に影響を与えた。世界の国が集まる国連は、軍備管理・軍縮に対する国際世論の形成に影響を及ぼしているが、多数の国の対立や利害の不一致によって求心力が削がれ、安全保障上の問題国に対して効果的な対応をとれないことが多い。

軍縮会議

ジュネーブに本部が置かれている軍縮会議（CD）は、唯一の多国間軍縮交渉機関である。1952年に国連で軍縮委員会が設置された後、米ソ対立や非同盟運動の影響を受けて組織の再編が繰り返され、1978年の第1回国連軍縮特別総会の決定に基づいて軍縮委員会が発足した。1984年に軍縮会議（CD）に名称が変更された（本書ではジュネーヴ軍縮会議と記載する）。核不拡散条約（NPT）、生物兵器禁止条約（BWC）、化学兵器禁止条約（CWC）の作成は、この一連の軍縮委員会の変遷過程のなかで行われた。1996年には包括的核実験禁止条約（CTBT）が成立したが、その後は成果が一つも出ていない。核軍縮、分裂性物質生産停止条約（FMCT）、宇宙の軍拡競争防止（PAROS）などが議題の候補に挙げられたが、議題の設定を含め、意思決定にコンセンサス方式が採用されていることに妨げられて、実質的な交渉に入れない状態が続いている。65ヵ国が加盟国となっているが、西側先進諸国、旧東側諸国、非同盟諸国など多様なグループの利害関係が複雑なため、まとまった行動をとれないことが多い。

（3）多国間条約の実施機関

核不拡散条約（NPT）と化学兵器禁止条約（CWC）には条約の遵守を検証する国際機関（実施機関）が存在する。

国際原子力機関（IAEA）

原子力平和利用の推進と原子力の軍事転用防止を目的として、1957年に

設立された国際機関である。ウィーンに本部があり、加盟国は160を超える。NPT の締約国と保障措置協定を結び、核査察を実施する。イラクの秘密の核開発が湾岸戦争後に発覚したため、IAEA は査察の強化に取り組んだ。北朝鮮の核開発に対しては、「伝家の宝刀」である特別査察を要求したが、北朝鮮は拒否して NPT 脱退を宣言した。核開発疑惑が浮上したイラン国内の核施設を視察し、保障措置協定が守られていないとして、イランの核問題を安保理に付託した。

化学兵器禁止機関（OPCW）

化学兵器禁止条約（CWC）に基づいて1997年に設立された国際機関であり、化学兵器の全面禁止と不拡散のために活動する。ハーグに本部があり、加盟国は190に達する。化学兵器とその生産施設の廃棄の進展を確認し、化学製品を製造する企業や毒性化学物質を扱う研究施設等において化学兵器への転用が行われていないことを確認する。化学兵器の製造能力を持つ国は非常に多く、化学兵器製造のノウハウが普及しているため、査察の量と負担は大きい。内戦中のシリアで化学兵器問題が浮上し、危険な環境下で化学兵器の廃棄作業に取り組むことになり、2013年にノーベル平和賞を受賞した。

（4）軍備管理に影響を与える主体

マス・メディアと世論

民主主義国の軍備管理政策は、マス・メディアと世論から影響を受けやすい。「第四の権力」と呼ばれるマス・メディアは、軍備管理に関する事実を国民に伝える報道機能だけでなく、交渉中あるいは成立した軍備管理条約への批判あるいは評価などを通じて世論を形成する機能も持っている。軍備管理政策を実行する行政府（選挙で選ばれた政治家とそれを支える官僚機構）は、マス・メディアと世論を敵に回す政策は実行しにくい。言論統制が行われている非民主主義国の政府は、自国の世論の圧力を受けずに交渉を行える点では短期的には有利であるが、言論の自由と政府批判のない閉鎖的な国家は閉塞状態に追い込まれるため、長期的には軍備管理交渉においても不利な立場に立たされることが多い。

利益団体と市民運動

民主主義国においては、政府の政策決定や議会の立法過程で民間の様々

な利益団体（圧力団体）が影響力を行使する。利益団体の活動は公然と行われる場合もあるが（例えば、ある業界の立場の表明）、目立たぬ形で行われる働きかけ（政策決定の中心人物たちへの陳情など）もあり、活動の実態が外から分かりにくい。軍備管理条約から直接的な影響を受けるのは規制される兵器の製造会社であるが、兵器に関連する民生技術を扱っている会社も、査察への対応などの実務的負担を負う。軍備管理に関連して経済制裁が行われる場合は、一部の企業は対象国との商取引の停止によって不利益を被る。国家は全体的な国益に配慮して軍備管理を実施するため、利益団体の要望にも配慮して行動する。

　一般市民が自発的に行う市民運動は、利益団体のような資金力や組織力はないが、マス・メディアを通じて世論に影響を与え、国家の政策に影響を与える。1980年代前半、米ソ間の中距離核戦力（INF）交渉が難航したとき、西ヨーロッパ諸国では一般市民の大規模な反核運動が起こった。米欧諸国は、ソ連との厳しい交渉が続くなかで、国内政治の安定にも取り組まなければならなかった。今日でも、NPT再検討会議など世界の注目が集まる場では、核軍縮推進や核廃絶を訴える市民運動などが、関係諸国に少なからぬ影響を及ぼしている。

国際NGO

　19世紀の赤十字国際委員会（ICRC）の活動が示すように、軍縮問題に対する国際NGOの関与は起源が古いが、その活動の範囲と影響力の大きさが注目されるようになったのは最近のことである。対人地雷禁止条約が1997年に成立する過程で、多数の国際NGOが条約に賛同する国々と緊密に連携し、国際世論を盛り上げた。顕著な貢献をしたと評価された地雷禁止国際キャンペーン（ICBL）とその報道官は、1997年にノーベル平和賞を与えられた。小型武器問題やクラスター爆弾の禁止も、NGOの活動が目立った。通常兵器の軍備管理の分野におけるNGOの影響力は大きい。

第3章　軍備管理のプロセスと仕組み

2．軍備管理条約のプロセス

（1）外交交渉

　軍備管理の第一歩は外交交渉の開始である。ある国家が別の国家に軍備の規制に関する協議を持ちかけるところから、軍備管理の可能性が開かれる。軍備管理の交渉を始める動機やきっかけは様々である。冷戦中の米ソは、核戦争のリスク軽減と核軍拡競争の抑制を目的として戦略核兵器の規制交渉を開始した。両国の核戦力が拮抗していたため、交渉の結果は大まかな戦略バランスが維持される内容になった。国力や軍事力に大きな格差がある場合、劣位にある国を交渉に引き出すためには、何かの見返りが必要になる。冷戦後、北朝鮮の核問題の深刻化を受けて、米国は1993年から二国間協議を始め、核活動の凍結と引き換えに、軽水炉への転換と重油の供与などを内容とする「枠組み合意」を1994年に成立させた。二国間協議は両国が同意すれば始まるが、ジュネーヴ軍縮会議（CD）のような多国間の軍備管理交渉は参加国の利害が複雑に絡むため、交渉を開始すること自体が難しい課題になる。

　交渉が始まると、相手の出方を探りながら、当事国は自国に有利な主張と提案を行う。安全保障という重大な国益がかかっているため、協議は難航することが多い。国際情勢の状況も交渉の展開に影響を及ぼす。化学兵器を全面禁止する試みは冷戦中から行われたが、東西対立の影響を受けて協議は停滞し、冷戦後に条約が成立するまで20年の歳月が流れた。一方、部分的核実験禁止条約（PTBT）のように、交渉開始後わずか3ヵ月足らずで条約が成立した例もある（意見が対立していた問題を棚上げした暫定的な内容であったため、関係国の同意が短期間に得られた）。交渉が続いている間、相手国から譲歩を引き出すために様々な交渉戦術が駆使されることがある。第一次戦略兵器制限交渉（SALT-I）交渉中、米国は道弾迎撃ミサイル（ABM）を交渉のテコ（「バーゲニング・チップ」と呼ばれた）として利用し、戦略核交渉でソ連の譲歩を引き出した。協議が決裂し、国家の代表が交渉のテーブルから退席することもある。

　交渉が進展し、重要な争点に関する同意が成立した後は、同意の内容を反映する条文作りの作業が始まる。実質的な協議が終わっていても、条文

の表現や言葉の言い回しによっては自国の不利益や不都合が生ずるため、有利な内容の規定を求めて国家間の主張が繰り返される。条約の細部の調整と詰めの作業に時間をとられ、交渉の終結が先送りされることも珍しくない。

条約のすべての規定に参加国が同意すれば、交渉団は本国政府の了解を得て交渉を終える。重要な条約の署名は、国家の代表たる大統領あるいは首相によって行われる。条約の批准を要しない政府間の合意の場合は、交渉代表の間で署名が交わされる例が多い。米朝間の「枠組み合意」は両国の交渉代表者が署名した。米ソの戦略核の上限を定めた SALT-I の攻撃兵器暫定協定は、ニクソン大統領とフルシチョフ首相によって署名された*1。条約の署名式は単なるセレモニーではなく、重要な安全保障に関する国家間の同意成立を世界に知らせる実質的な役割がある。

（2）条約の批准

国家の代表者（行政府の代表）が署名した条約は、国民の代表として選出された議員で構成される立法府（議会あるいは国会）の審議に回され、批准（ratification）の手続きが始まる。批准は、条約の締結に対する国家の最終的な確認と同意であり、批准書の交換または寄託によって条約の効力が発生する。条約の批准をめぐり激しい賛否両論が起こり、国論が分裂することがある。米国では第二次戦略兵器制限条約（SALT-II条約）の批准への賛否をめぐり、1979年後半に大論争（'the Great Debate'と呼ばれた）が起こった。SALT-II条約ではソ連の戦略核兵器の脅威は削減されないと見る上院議員が多く、批准に必要な賛成票を得られるか微妙な状況になった。同年12月のソ連のアフガニスタン侵攻を受け、カーター大統領は批准手続きをみずから取り下げた。

批准手続きが完了するまでは、条約は発効しない。条約を署名しながら、何年間も批准しないケースは珍しくない。例えば、イスラエルは CWC に署名しているが、批准していない。多国間条約の場合は、批准国が一定数に達することが条約発効の要件になることが多い。米国は包括的核実験禁止条約（CTBT）に署名しているが、批准していない。CTBT での発効には、条約で指定された44ヵ国の批准が必要とされており、現在まで発効していない。

（3）条約の履行と遵守

　条約が批准・発効した後は、条約で定められた義務を果たすため、関係省庁は国内の法制度を整備し、条約を確実に「履行」（implementation）しなければならない。条約で規定された義務をすべて果たさなければ、条約を遵守しているとはいえない。核不拡散条約（NPT）の締約国は、核兵器を開発・製造していないことを国際原子力機関（IAEA）が査察で確認できるように協力し、IAEAが納得して初めて条約が遵守されたことになる。IAEAの査察への協力が不十分あるいは不完全な国は、核開発の疑惑が向けられる。国家の財政事情や技術的な問題によって、条約の履行が遅れることがある。CWCは、化学兵器の保有国に一定期間内の全廃を義務づけたが、条約の履行が遅れる国が何か国もあり、条約で定められた化学兵器の廃棄期限の延長が行われた。核不拡散条約（NPT）、化学兵器禁止条約（CWC）、生物兵器禁止条約（BWC）に関しては、条約の運用状況を確認する締約国会議が数年ごとに開催され、条約の完全履行に関わる議論が行われている。

　条約の「遵守」（compliance）とは、政府が必要な措置を講じて条約上の義務を完全に果たすことをいう。義務が果たされていない場合は、条約の「不遵守」（non-compliance）」あるいは「違反」（violation）という言葉が使われる。条約を遵守する意図はあるが、財政事情や技術的理由によって条約の履行が遅れ、条約を遵守していない状態が継続する場合がある。何らかの手違いやミスによって条約の義務が一時的に果たされない場合は、軽微な違反とみなされる。例えば、IAEAの査察団に対して行われる原子力関連のデータ報告のなかに、意図せぬ小さな記載ミスがあったとしても、核兵器の製造に結びついていないことをIAEAが確認できれば、国際問題にはならない。NPT加盟国が秘密裏に核開発を行うことは、言うまでもなく重大な違反である。条約の遵守状況を確認・監視し、条約違反を発見するために「検証」が行われる（検証は非常に重要であり、説明すべきことが多いため次の節で取り上げる）。

　軍備管理条約の効力の長さは様々である。ジュネーヴ議定書（1925年）は今日も有効であり、既存の軍備管理条約のなかで寿命が最も長い。国際情勢の変化や締約国の政策変更によって、その効力が終了する条約もある。ABM条約は1972年に成立したときは無期限の条約とされたが、ブッシュ

政権は冷戦の終結によってABM条約は時代遅れになったとして条約からの離脱をロシアに通告した。条約の規定にしたがって、6ヵ月後の2002年6月に米国のABM条約脱退が確定した。NPT（1970年に発効）は、条約の規定にしたがって1995年に再検討会議が開催され、無期限延長が決まった。当時、北朝鮮はNPTに入っていたが、国際的非難と懸念を受けながら核開発を継続し、2003年にNPTからの脱退を通告した。国際社会のルールでは条約への加入も脱退も主権国家の自由であるとされており、通告後一定の期間（NPTの場合は3ヵ月）を経て条約から脱退できる。

3．軍備管理と検証

　軍備管理条約の交渉過程で、参加国は検証の手法や手続きに関する規定に関して多くの時間と労力を費やす。検証の方法は軍備管理条約ごとに異なり、検証規定が設けられない条約も存在する。

（1）検証と査察
　われわれは日常生活において、何かを「確認する」、「実証する」、「仮説を証明する」という幅広い意味で検証という言葉を使っている。軍備管理における「検証」(verification) は、軍備管理条約の締約国が条約上の義務を履行しているか、条約が遵守されているかどうかを確認する行動及びそのプロセスを指している。検証のプロセスの一つとして、技術ノウハウを持つ専門家たちが現地に出向いて行う調査・分析を「査察」(inspection) という。検証と査察が同義語として使われることがあるが、査察は検証のための一つの手段である。検証を行うために、国家の情報機関によって、対象国の活動の監視、情報の収集と分析・判断が行われることがある。これら一連の情報関連活動はインテリジェンスと呼ばれる（次節でインテリジェンスを取り上げる）。詳細な内容の軍備管理条約が成立・発効していても、条約上の義務が果たされていなければ無意味である。国家の軍備を相互に規制する軍備管理条約の場合、自国のみが義務を果たし、他国が約束を破れば安全が脅かされる。

第3章　軍備管理のプロセスと仕組み

（2）検証の役割

　検証の最も基本的な役割は、条約に対する信頼を維持することである。世界には様々な国家が存在し、それぞれの国益を追求する過程で、他の国々との利害の衝突が起こる。軍備の相互規制を約束する軍備管理条約が成立したとしても、その条約が遵守される保証はない。国家は他国を全面的に信用して条約を結ぶのではなく、条約の違反が行われる可能性があることを承知の上で、条約を結ぶのである。「この国は嘘をつくまい」というような楽観的判断によるのではなく、その国が条約を遵守しているという事実を詳細に確認し続けることによって、条約への参加を継続するのである。中距離核戦力（INF）交渉中、米国はソ連が嫌がる国内の現地査察を執拗に要求した。レーガン大統領はゴルバチョフ書記長が辟易するほど、「信頼するには検証が必要である」（"Trust, but verify"）と繰り返した。検証に関する名言の一種として、今でも語り草になっている。検証規定を含む INF 条約が成立したことにより、ソ連に対する米欧諸国の見方が変わった。

　条約の違反行為を関係国は少しでも早く察知する必要があり、検証には早期警戒の役割がある。疑わしい事実が発見されれば、その国に事実の確認を求め、国際社会に警鐘を鳴らすことができる。軽微な違反の段階で発見すれば、その国に是正を求めることが可能である。脅威が大きくなる前に、対抗策を講ずることもできる。検証に対して国家がどこまで誠実に対応するかが、その国に対する重要な判断材料になる。派遣された査察団が明確な違反を確認できなくても、査察に対して非協力的な姿勢が確認されれば危険信号になる。

　検証によって条約の明確な違反を発見できなくても、検証が行われていること自体が、条約違反に対する抑止力になる。条約で禁止された行動をとる国は、違反の事実が露呈することのリスクを計算に入れなければならない。違反の疑惑を発見した国際機関（IAEA や OPCW など）や他の締約国から、さらなる査察や説明の要求への対処を迫られ、国際社会で信用が低下する。国際社会の批判を意に介しない国もあるが、その姿勢自体が警告になる。ただし、このような抑止力の効果は、検証する機関や国家の能力によって左右される。1980年代後半のイラクは、IAEA による定期査察を受けながら、秘密裏に核兵器開発を続けていた。

検証が厳格に行われることにより、その条約に含まれる国際規範が維持される面もあると思われる。核不拡散条約（NPT）や化学兵器禁止条約（CWC）の査察は、査察を受ける国家と主体（原子力関連の企業・機関、化学関連の企業など）に相当な負担（人、モノ、金、時間など）を強いる。この負担を締約国が受け入れ、査察に全面協力することは、「大量破壊兵器を拡散させてはならない」という国際規範を尊重している証になる。

（3）検証の方法とプロセス

　検証を行う主体は軍備管理条約ごとに異なる。米ソ間の第一次戦略兵器制限交渉（SALT-Ⅰ）で成立した攻撃兵器暫定協定と弾道弾迎撃ミサイル（ABM）条約では、米ソ両国が個別に行う検証に加えて、条約の遵守に関する問題を扱う「常設協議委員会」が設置された。多国間条約である核不拡散条約（NPT）の検証は国際機関（IAEA）が、生物兵器禁止条約（CWC）の検証も国際機関（OPCW）が行う。条約に基づくオフィシャルな検証は、条約で規定された兵器やその関連施設に限定される。米国のように、能力の高いインテリジェンス機関を持つ国は、様々な軍備管理条約の遵守状況を独自の手段でウォッチしている。条約違反の有無を判断するには、対象国の軍事情報全般に関する知識と情報が必要になる。これらも広い意味での検証とみなしてよいと思われる。

　検証の範囲は条約により異なる。NPTでは、加盟国が自己申告した施設に限定して検証が行われていたが、湾岸戦争後に国連が行った調査により、イラクが大規模な核兵器開発計画を秘密裏に進めていたことが分かった。これが重大な反省材料になって、IAEAが未申告の原子力施設にも査察を行えるように保障措置制度が変更された。CWCでは、化学兵器に転用された場合の危険度に応じて査察の範囲が区分されている。すべての化学剤を対象にすることは実際上、不可能であり、検証に100％の確実性を求めることは無理とされている。

　国家と国際機関は、軍備管理条約の遵守状況に関する情報の収集と分析を日常的に行っているが、国家秘密（機密）に関わるものは外部からはよく分からない。断片的な情報収集とは別に、一定の期間、特定の施設や活動に対して継続的に行われるチェック作業があり、モニタリング（監視）と呼ばれる。IAEAは「封じ込め」（核物質、原子力装置、データを保護する

手段)という作業を行っている。米国の情報機関は、世界の軍事情報を独自の手法でモニタリングしている。国家と国際機関は、様々なルートを通じて膨大な情報収集と分析を行うが、最終的な結論は人間の判断に委ねられる。

　1960年代初めに米ソが運用を開始した偵察衛星(スパイ衛星)は、冷戦時代の両国間の核軍備管理条約の重要な検証手段になった。SALT-Iの攻撃兵器暫定協定とABM条約では、検証のために「国家の技術手段」(NTM)を用いることが規定された。「国家の技術手段」とは偵察衛星のことであり、相手国の核兵器の状況を宇宙から覗き込む「盗撮」にほかならない。米国が求めた現地査察をソ連は「公然たるスパイ行為」と呼んで一蹴したが、「隠然たるスパイ行為」(偵察衛星)による画像撮影は受け入れた。当時の米ソの衛星は、相手国の大陸間弾道ミサイル(ICBM)のサイロなどを写せるくらいまで画像能力が進歩していたため、条約の違反行為をチェックできると判断された。検証技術の発達が、軍備管理合意の成立を可能にしたともいえる。その後、米ソ以外の国の宇宙開発も進展し、今日ではいくつかの国が情報収集の能力を持つ衛星を打ち上げて、軍備管理条約の検証を含め、様々な軍事情報の収集に利用している。

　国家あるいは国際機関は、専門技術者で構成される査察団を条約の締約国に派遣し、条約で禁止された兵器が開発・製造されていないかを現地で確認させる。条約の規定に基づき、対象国との事前の打ち合わせにしたがって訪問時期や調査対象などが決定される。査察員たちは様々な機器を用いながら、対象国側から申告・提出されたデータを照合し、違反の有無を厳密に確認する。主権国家の現場に踏み込み、関係者に細かい質問を投げかけ、対象施設が完全に「シロ」と判断できるまで活動する。主権国家の領土内の施設に外国人が踏み込む点で、査察を受ける側が感じる負担と緊張は偵察衛星による検証より大きい。

(4) イラクの大量破壊兵器と検証

　イラクの大量破壊兵器問題は、冷戦後に発生した軍備管理問題のなかでも特に重要なものであった。イラク戦争(2003年)は、フセイン独裁政権が大量破壊兵器の開発・保有し続けているという状況判断(この判断は間違っていた)を大義として米英主導で行われた。今日、世界の安全保障に

深刻な影響を及ぼしている「イスラム国」の登場は、イラク戦争後のイラク国内の混乱が一つの要因になっている。米英の武力行使の決断は、イラクの大量破壊兵器の検証問題と深く関わっている。

湾岸戦争に敗北したイラクは、国内の大量破壊兵器の廃棄と国際的な査察の受け入れに渋々同意した（安保理決議687号）。安保理決議と国連憲章第7章（安保理の行動）に基づいて設置された国連イラク特別委員会（UNSCOM）がイラク国内を調査したところ、秘密裏に進めていた核兵器計画と生物兵器計画が発見された。あと数年でイラクが核兵器の製造能力を持つ可能性があったことを知り、国際社会はショックを受けた。

UNSCOM は IAEA と連携してイラク国内の査察を開始し、弾道ミサイル、化学弾、核兵器の関連施設、生物兵器の関連施設などの廃棄をある程度確認したが、イラクが虚偽の申告や査察活動の妨害を繰り返したため、大量破壊兵器の不存在を最終確認できなかった。イラクは、UNSCOM が、時間と場所を問わず自由に現地査察を行える権限を認めたにもかかわらず、その約束を守らなかった。査察への協力を拒否したイラクに対して、米国と英国が共同で1998年末に限定的な空爆を行った（「砂漠のキツネ」作戦）。その後、新たに設置された国連監視検証査察委員会（UNMOVIC）が活動を開始したが、イラクの協力拒否と査察の妨害が続き、大量破壊兵器の存在も不存在も検証されない状態が続いた。

米国の安全保障観は「9.11テロ」によって激変し、ブッシュ政権は、大量破壊兵器が次の対米テロの手段として使われるシナリオを極度に警戒した。ブッシュ大統領は、イラクの大量破壊兵器の保有可能性は放置できないと判断し、武力行使による問題解決へと傾斜していった。ロシアと中国だけでなく、ドイツとフランスも反対したが、米国は英国と共同でイラク戦争に突入した。イラクが UNMOVIC の査察に協力して大量破壊兵器の不存在が検証されていれば、あるいは UNMOVIC の査察をさらに続けていれば、イラク戦争は起こらずに済んだ。検証問題は、軍備管理アプローチの継続か、武力行使による決着かの判断の岐路に位置していた。

4. 軍備管理とインテリジェンス

　国家の情報機関が行うインテリジェンス活動は、検証を含む軍備管理の諸側面に関わっている。情報機関の活動の実態は一般公開情報からは分からない部分があり、軍備管理への関与の程度は国により異なる。ここでは主に米国を中心に、軍備管理とインテリジェンスの関わりを概説する。

（1）インテリジェンスとは何か

　インテリジェンス（intelligence）とは、国家の情報機関が外交・安全保障政策に役立てるために行う情報収集と情報分析、その結果生まれた成果物の総称である。一般市民が見聞きする公開情報（マス・メディアや出版物が伝えること）も利用されるが、衛星やスパイなどの特殊な手法が使われるところが、他の国家機関と異なる。英国では16世紀のエリザベス王朝の時代から秘密情報活動が行われ、第二次世界大戦中にチャーチル首相は情報機関が届けてくる暗号解読情報を最大限に活用したという*2。米国では多数の情報機関が存在し、インテリジェンス・コミュニティを形成している。英国、中国、フランス、イスラエル、ロシア、パキスタンなどの国もインテリジェンス活動に力を入れている。インテリジェンス活動は、政治、経済、安全保障など広範な領域に及んでおり、軍備管理においても重要な役割を果たしている。

（2）インテリジェンスの役割

　一般的に、インテリジェンス機関は隠然と活動する「陰の存在」というイメージがあるが、安全保障が関わる軍備管理の世界では、軍備管理交渉に様々な形で関与している。米ソ間の第一次戦略兵器制限交渉（SALT-I）交渉では、両国の情報機関に所属する人々が協議に参加していたといわれている。他の軍備管理交渉において、外交交渉団のメンバーに情報機関の人が含まれていたかどうかは分からないが、交渉団は本国の情報機関と緊密に連絡をとると思われる。

　軍備管理条約の遵守を確認する検証においても、インテリジェンス情報は重要である。偵察衛星や査察は検証の主要手段であり、それ以外の様々

なインテリジェンス情報が、関係国の条約遵守に関する判断材料となる。米ソがスパイ衛星（「国家の技術手段」）の使用を認め合ったことが、SALT-Ⅰの暫定協定とABM条約の成立を可能にした。

外国の軍事的脅威に関するインテリジェンス機関の見積もりは、その国の国防政策はもちろん、安全保障上の論議に影響を及ぼす。米国では、安全保障の重要課題に関するインテリジェンス・コミュニティの総意として「国家情報見積もり」（機密扱いの報告書）が作成され、その一部が公表されることがある。2005年の「国家情報見積もり」では、「イランのウラン濃縮は核保有が目的である」と報告された、2007年の「国家情報見積もり」では「イランは2003年から核計画を停止している」と記載され、イランの核問題の実態をめぐる論議を呼び起こした。

軍事的脅威の発見もインテリジェンスの役割である。継続的な監視と情報収集を続ける過程で、インテリジェンス機関が重大な脅威を発見することがある。1960年の夏、キューバ上空を飛んでいた米国CIAの偵察機は、キューバ国内でソ連が中距離ミサイル基地を建設中であることを発見した。パキスタンのカーン博士による核の闇市場ネットワークの構築は、本人のテレビでの告白によって2004年に確認されたが、米国の情報機関は数ヵ国の情報機関と連携しながら、長年にわたってこの活動を追跡していた。米国のインテリジェンス機関は、カーン博士の闇市場ネットワークへの潜入工作も行っていたという*3。

情報機関が表立って外国政府と交渉することはないが、目立たぬ形で外国と接触し、説得外交を行うことがある。米国と英国の情報機関は、核開発を行っていたリビアを訪問し、核計画の断念を説得する協議を行ったといわれている。リビアは2003年に核計画の放棄を発表し、米欧諸国とリビアの関係は改善した。

（3）インテリジェンスの方法

軍備管理に関係するインテリジェンス活動の手段の主要なものを挙げる。衛星の軍事利用と平和利用が拡大しており、早期警戒、画像情報の収集（IMINT）、電波情報の収集（SIGINT）などが重要な役割を果たしている。撮像の頻度、情報の即時性、画像分解能の向上が課題とされている。電話の盗聴や会話記録の保管・分析、Eメールの通信の傍受や内容分析などは、

テロの脅威への対応として重要性が増している。テロの脅威への対処が軍備管理の重要課題になった今日、軍備管理の実効性はインテリジェンス活動のパフォーマンスに左右される。ただし、この領域のインテリジェンスは、一般市民の基本的人権、特にプライバシーの保護の観点から問題が多い。米国は同盟国の国家指導者に対する盗聴を行ったことがあり、物議をかもした。

　ヒューマン・インテリジェンス（HUMINT）は、国家から権限を与えられた人間が、機微な情報を持つ人間に接触して集めた情報の中で、自国の情勢判断や意志決定に有益なものを伝える活動である。情報機関のエージェント（スパイ）の活動だけでなく、政府から依頼された私人がこの種の活動を行うことがある。敵対する外国や組織への潜入は昔から行われてきたが、近年は国際テロ組織とその協力者を対象とするHUMINTが重要になっている。情報機関の活動は、一般市民の活動空間とかけはなれていると思われがちであるが、インテリジェンスの情報源の多くは、公開情報（マス・メディア、書籍・雑誌、インターネット）であるという。

　近年、特に脚光を浴びている無人機（UAV）は、米軍の対テロ作戦用の新兵器として広く使われている。無人機の能力は多様であり、軍事攻撃と情報収集の両方に使われている。パイロットが操縦する航空機には危険過ぎる地域に入り込み、地上に近いところを飛行して、テレビや赤外線カメラで重要な情報を収集・伝達する。

（4）イラクの大量破壊兵器とインテリジェンス

　国連監視検証査察委員会（UNMOVIC）の査察という手法では、イラクの大量破壊兵器の不存在を検証できないという米英首脳の判断が、イラク戦争につながったことは既に述べた。米英のインテリジェンス機関の分析と判断も、イラク戦争を決断させる重要な要因であった。

　検証問題と同様に、このインテリジェンス問題の経緯は湾岸戦争の前後に遡る。湾岸戦争に突入する前、米国の情報機関はあらゆる手段を使ってイラクの軍事力に関する情報を収集し、分析結果を大統領と軍に報告したが、その中には重大な判断ミスがあった。米国のインテリジェンス分析官たちは、イラクが核開発計画を進めているという事実をつかんでいたが、あと数年で核兵器の製造能力をもつところまで計画が進んでいるとは考え

ていなかった。湾岸戦争後、イラクの核計画が想像以上に進展していたことが判明し、米国のインテリジェンス・コミュニティ全体が大きなショックを受けた。このときのトラウマが、イラク戦争前のインテリジェンスの判断に影響する。

　ブッシュ大統領が、武力行使による問題の解決を検討したとき、米国のインテリジェンス機関には、湾岸戦争前の失敗を繰り返してはならないという心理的圧力が働いた。イラクに関する多数の軍事情報には、根拠のあるものも含まれていたが、いわゆる「ガセネタ」も混在していた。大量破壊兵器の開発あるいは残存を示す決定的な証拠を確保していなかったにもかかわらず、米国のインテリジェンス機関は、その可能性があるとブッシュ大統領らに報告した。このインテリジェンス・コミュニティの判断を受け入れたパウエル国務長官は、2003年2月に国連安保理の場で、イラクは大量破壊兵器（特に化学兵器と生物兵器）を開発・保有していると報告し、武力行使の必要性と緊急性を国際社会に訴えたのである。イラク戦争の終結後に調査が行われたが、大量破壊兵器は見つからなかった。その後、米英は、戦争を決断したときの根拠となったデータの多くが事実誤認であったことを認めた。不完全な情報と誤った分析・判断が、イラク戦争をもたらしたのである。

*1　SALT-Ⅰの Interim Agreement は暫定協定、米朝間の Agreed Framework は枠組み合意というように、同じ英語（agreement、agreed）に対して異なる訳語があてられている。SALT-Ⅰの暫定協定は2年半に及ぶ協議を経てフォーマルな条文として整備されており、次に行われる SALT-Ⅱ交渉でフォーマルな条約作りが計画されていた。米朝間の「枠組み合意」は両国の交渉代表が短い期間にまとめた事項を急いで文章化したもので、条文化されておらず、北朝鮮が約束を守るかどうかにも疑念があった。
*2　小谷賢『イギリスの情報外交 インテリジェンスとは何か』PHP 選書、2004年。
*3　E. Hackel, *Verifying Treaty Compliance: Limiting Weapons of Mass Destruction and Monitoring Kyoto Protocol Provisions*, p. 577.

第4章
科学技術と軍備管理

　軍備管理と科学技術はどのような関係にあるのだろうか。戦争の様相を一変させるような新兵器の登場は、科学上の発見によってもたらされる。科学を兵器に応用するには技術が必要であり、技術が兵器の改良を後押ししてきた。それでは兵器技術にはどのような性格があるのか。軍備管理の観点から見た場合、科学の研究にはどのような課題があるのか。

1．科学技術と兵器開発

（1）兵器の開発競争
　古代人が最初に使った武器は、おそらく身近にあった棒であろう。自分の腕を使うよりも離れたところから相手を殴打でき、もっと大きなダメージを与えられる。その次は石であったと推察される。棒を使うよりも遠くの敵を攻撃でき、与える損傷も大きくなる。やがて弓が登場し、飛び道具が作られる。紀元前4世紀に使われたバリスタ（大型弩砲）は、当時の最強兵器であった。
　人類は、より遠い（距離）、より強力な（破壊力）、より早い（速度）、より正確な（命中精度）兵器を追い求め、兵器の改良を重ねてきた。兵器の技術的改良は漸進的に進むが、科学の大発見があると画期的な兵器が登場する。火薬の発見と銃の発達は、戦争の戦い方を大きく変えた。14世紀に大砲が登場し、城壁が難攻不落と考えられていた時代が終わる。科学の発展により新しい兵器が登場すると、それまで主流とされていた兵器が突然、時代遅れになる。最先端の兵器と強い軍を持つ国がライバル国との戦争に勝利し、繁栄してきた。
　国家の指導者（支配者）は、自国の生存と繁栄を追求するため、隣国の軍事力と兵器の状況を常に監視する。隣国が新しい兵器を手に入れたら、

自分も同じ兵器を持つ必要があると考える。戦争が起こる度に、国家は敵を凌駕する兵器を持とうとしてきた。次の戦争への準備が、兵器を生み出す推進力になる*1。ペロポネソス戦争の時代から今日まで、兵器開発のパターンは変わっていないように見える。冷戦時代の米ソは、兵器開発で追い抜かれることを常に恐れ、冷戦が終わるまで軍拡競争を果てしなく続けた。近年、中国の急速な軍事力増強を受け、米国は中国との軍事バランスの状況に関して神経質になっている。

　戦争の様相は、時代とともに変化する。20世紀前半は二度の世界大戦が起きたが、20世紀後半以降、世界規模の戦争は起きていない。古代から第二次世界大戦まで、大国を脅かすのは別の大国であった。冷戦中の米ソ間の軍事的緊張は大きかったが、地域紛争（朝鮮戦争やベトナム戦争など）は別として、超大国間の軍事衝突は回避された。戦争のパターンから見ると、これは画期的な変化である。そして今、「新しい戦争」が始まっている。米国やロシアのような軍事大国が、テロリスト集団から、自国の領土で攻撃を受ける時代が到来した。ローマ帝国は周辺の「蛮族」の国境侵入にたびたび悩まされたが、帝国の中央の領土は安泰であった。

　古来、兵器開発の目標は破壊力の増大とされてきたが、核兵器の登場によって、それ以上の破壊力の追求は意味をなさなくなった。冷戦中は米ソが核軍拡競争を続けたため、核兵器の軍備管理が最重要課題であったが、冷戦後は米ロ間で核兵器の削減が進んでいる。化学兵器は化学兵器禁止条約（CWC）によって、生物兵器は生物兵器禁止条約（BWC）によって、それぞれ全面的に禁止されている。2つの条約に未加盟の国はいくつあるが、化学・生物兵器の軍拡競争は起きていない。軍事的な緊張関係にあるインドとパキスタンの間で、核兵器と弾道ミサイルの開発競争が続く可能性が懸念されているが、地球全体で見ると、国家間の兵器開発競争は通常兵器の分野で起きている。「新しい戦争」への対処も、通常兵器の開発を促進させる。

（2）科学技術と戦争

　科学技術の発達は新しい兵器を作り出し、戦争の様相を変えてきた。一方、戦争が科学技術の発展をもたらした面もある。19世紀半ばに進んだマスケット銃の改良と新しい弾丸（ミニエ弾）の登場によって、米国の南北

第4章　科学技術と軍備管理

戦争では60万人もの死傷者が出た。切断手術が必要な負傷兵の数があまりに多すぎ、壊疽による死者が続出したため、大急ぎで新しい治療法が模索された。これが臭素の発見をもたらし、衛生学の水準が急上昇した（戦争が終わる頃には壊疽による死者はほとんどいなくなった）。飛行機の開発は第一次世界大戦中に急激に進んだ。平時なら数世代かかる技術進歩が、わずか数年間に達成された。ライト兄弟の初飛行からわずか13年後、ドイツ軍は爆撃機を実戦配備した。

　インターネットは冷戦の産物であるといわれる。米国の国防責任者たちは、ソ連から核攻撃を受けた時、核爆発がもたらす電磁パルス効果によって、政府と軍の通信ネットワークが機能麻痺に陥ることを懸念した。核攻撃から生き残る通信システムを確保するため、分散型のコンピュータ・ネットワークを構築したとされている。宇宙の開発も、米ソの対立と競争が推進力になった。宇宙時代の幕を開いたソ連の人工衛星（スプートニク）の打ち上げは、弾道ミサイルの開発などの軍事目的と密接に関連していた。イデオロギーと軍事力の対立を背景にして、米ソは政治、経済、科学研究、文化、スポーツなど、あらゆる分野で競争を続けた。冷戦に勝利することが、自国の生存と繁栄を決定すると信じていたからである。

　科学技術の発達と兵器の開発は切り離せず、両者は相関関係にある。科学技術の発達を止めることはできず、新しい兵器の開発も続く。軍備管理のほとんどは既存の兵器を対象にしているが、科学技術がもたらす兵器の進歩が新しい課題を作り出す。

（3）大量破壊兵器と科学

　科学の発展史のなかで、大量破壊兵器の登場過程を振り返る。化学兵器の科学基礎は18世紀後半に発展した近代化学であり、19世紀に有機化学工業が発達する過程で兵器への応用可能性が高まった。第一次世界大戦中、ドイツの化学者（フリッツ・ハーバー）が化学兵器の製造に初めて成功し、戦場で大量に使用された。人類最初の大量破壊兵器（化学兵器）の科学技術の基盤は、20世紀初めに出来上がった。

　化学研究の今後の発展によって新しいタイプの化学兵器が作り出される可能性はあるが、化学兵器の使用を考える側（一部の国家やテロリスト）から見れば、利用できる化学兵器の種類は既に十分といえよう。毒性が極め

て高いサリンのような化学兵器も、東京で起きた地下鉄サリン事件が示すように、非国家主体による製造が可能である。したがって、既存の化学兵器と関連技術の不拡散に優先的に取り組み、内戦やテロで化学兵器が使用されないように対策を講ずることが課題であると思われる。

　核兵器の科学的基礎は、20世紀初めから発達した核物理学である。原子核の謎の解明に最初に取り組んだ物理学者たちは、兵器への応用などは考えもせず、ひたすら知的好奇心で実験と考察を続けていたらしい。1939年にドイツのオットー・ハーン（Otto Hahn）とフリッツ・シュトラスマン（Fritz Strassmann）が核分裂エネルギーを発見し、核物理学の研究はにわかに活気づいた。連鎖反応を利用して桁違いの破壊をもたらす兵器を作ることが可能であると分かった。核物理学者のレオ・シラード（Leo Szilard）に促されたアインシュタインが米国のルーズベルト大統領に進言し、人類最初の原子爆弾が作られた。

　核兵器は化学兵器より数十年遅れて登場したが、その基礎になった核物理学はその後急速に発達した。冷戦の初期、米ソは原子爆弾に続いて水素爆弾を開発し、核兵器の技術はさらに進歩したが、核軍拡競争の結果、破壊力の規模が大きくなりすぎ（「オーバーキル」と呼ばれた）、破壊力のさらなる増大はほとんど意味をもたなくなった。核兵器製造の基礎になる科学と技術は、既に成熟しているといわれる。とはいえ核兵器の製造技術は高度であり、実際に完成させるまでのハードルは今でも高い。核兵器の材料は高濃縮ウランと兵器級プルトニウムに限定されるため、これらの材料を厳格に管理し、核兵器と核兵器技術を拡散させないことと、核兵器能力を持つ国に核実験をさせないことが、核軍備管理の重要課題である。

　生物兵器の基礎となる医学と生物学は、化学と同様に18世紀後半に目覚ましい発展を遂げた。第一次大戦中に使われなかったにもかかわらず、ジュネーヴ議定書（1925年）で化学兵器とともに生物兵器の使用が禁止されたのは、生物剤の兵器化が理論的に可能と判断されていたからである。近年、注目を浴びているバイオ革命は、ジェームズ・ワトソン（James Watson）とフランシス・クリック（Francis Crick）が1953年に行った、DNAのらせん構造の発表から始まった。分子生物学の画期的発展が起こり、遺伝子操作技術が登場した。物理学と化学の研究成果も取り入れられて、生物学の地平線が急速に広がった。21世紀は「バイオの時代」といわれる。

第4章　科学技術と軍備管理

　バイオ革命は、医療はもちろんのこと、エネルギー問題や食糧問題など、人類が直面する様々な問題の解決に貢献すると期待されているが、生物兵器の開発に与える影響も大きい。病原ウィルスの人工的な作成や、今ある治療薬を無効にする新技術が生まれる可能性がある。生物兵器は小規模な施設で製造できるため、科学者たちのバイオ研究の成果がテロリストなどに利用される恐れがある。生物兵器禁止条約（BWC）には検証規定が設けられておらず、条約の違反行為を発見する軍備管理の制度ができていない。過去の国家間戦争で生物兵器が使われることはなかったため、生物兵器は使いにくい兵器であるという見方が定着しているが、生命科学の進展は生物兵器の軍備管理に新たなチャレンジをもたらした。

（4）科学技術の専門性と軍備管理

　大量破壊兵器の基礎となる化学、核物理学、生物学・医学だけでなく、ロボット工学やナノテクノロジーなど、様々な分野の先端技術が次世代の兵器に利用されていく。軍備管理政策の立案と運用に携わる政府の人々にとって、コントロールすべき兵器の種類が増加し、その性能が向上していくことのプレッシャーは大きい。軍備管理の実行者は科学技術の専門性とどのように向き合えばいいのだろうか。

　マイケル・オハンロン（Michael O'Hanlon）は、「軍備管理の担当者はジェネラリストであるが、ジェネラリストであっても兵器に関わる科学技術に関して基礎的知識を持つ必要がある」と述べている*2。軍備管理の対象となる兵器に関する基礎的な知識と理解がなければ、既存の軍備管理条約にも新しい条約作りにも適切に対応できない。軍備管理の担当者は、科学者の専門知識や助言に頼る必要があるが、スペシャリストたちの意見が一致するとは限らない。

　軍備管理は安全保障政策の一つであり、軍備管理条約は外交の領域に属する問題である。軍備管理問題に関する国家の判断と選択を、科学者や技術者に委ねることは適切ではない。軍備管理政策の担当者には、国家の目標や法制度、予算その他の国家資源、国際安全保障環境の動向、同盟国・友好国との関係、他の国家政策への影響など、広範囲の知識と情報が必要になる。このような仕事の能力は、自然科学の一分野に秀でた人よりも、多方面に幅広い知識を持つジェネラリストのほうが優れている。国家間の

軍備の相互規制には、様々な利害の調整と妥協点の発見が求められ、全体的な国益を勘案しなければならない。軍備管理の本質は政治的なものである。

　国家の安全保障の責任者は、科学技術の進歩が既存の軍備管理条約や制度に及ぼす影響について、常に目配りする必要がある。一度成立した軍備管理条約が修正されることはほとんどなく、科学技術と兵器技術が進歩しても条約の条文は不変であり、軍備管理には保守的な性格がある。国内の法律を扱うときのように、制定されたときの解釈や先例を踏襲するだけでは、新しい問題には適切に対応できない。科学技術の進歩を踏まえ、時代にあった柔軟な思考と行動が求められる。

　軍備管理の担当者は、科学技術の専門性に怯んではならない。科学技術を使って兵器を開発・製造するのは人間であり、人間が作った兵器をコントロールするのも人間である。科学技術の発達によって新しい兵器が登場したとしても、国家の指導者が政治的意思を強く持ち、諸国家間が歩みよれば軍備管理の合意は成立するはずである。

2．兵器技術の性格と特徴

　軍備管理は、実戦配備された兵器の削減だけでなく、兵器技術の開発を規制する場合もある。軍備管理の条約作りや軍備管理条約の検証において、兵器技術の性格が厄介な問題を生み出している。

（1）デュアル・ユース性

　兵器技術と民生技術という言葉は、しばしば対比して使われているが、民生用にしか使えない技術は存在せず、完全に軍事目的という技術も存在しない。技術はデュアル・ユース（両用）である。核不拡散条約（NPT）、化学兵器禁止条約（CWC）、生物兵器禁止条約（BWC）は、それぞれの兵器の基盤となっている技術の軍事利用のみが禁じられ、民生技術の利用は許されているため、民生技術の利用を通じて大量破壊兵器が開発・製造されるリスクが内包されている。NPT は、核兵器の保有を禁止する一方、原子力発電を行うことを国家の権利として認めている。国際原子力機関

第4章　科学技術と軍備管理

　（IAEA）は核兵器の拡散防止だけでなく、原子力の平和利用を広めることも任務とされている。原子力発電を続ければ、核兵器の製造に必要な材料（兵器級プルトニウムと濃縮ウラン）を入手する可能性が高まる。
　化学兵器の種類と材料は多く、既存の化学工業施設を使えば、簡単に化学兵器を製造できる。神経ガスは、農薬（殺虫剤）の研究から偶然に生まれた。農薬を作る技術力があれば、神経ガスも作れる。CWC の規定の多くは、民間の化学企業の施設に対する検証に関わるものである。小規模の施設で製造可能な生物兵器の検証は技術的に困難なため、BWC には検証規定が設けられていない。病気の治療薬を作る技術を持つ人が、テロに利用できる生物剤を作り出す可能性は排除できない。弾道ミサイルの技術は、民生用のロケット技術と共通点が多い。
　大量破壊兵器の規制条約は、兵器に転用しないという前提で、民生技術の普及のために国際協力を行うことも認めている。軍事利用する可能性がある途上国に対して、先進国が技術移転を控える傾向があり、途上国のなかには「不当な疑いをかけられ、条約上の権利が侵害されている」と不満を表明する国がある。兵器技術のデュアル・ユース性が、軍備管理条約に抜け穴を作り、不拡散体制の弱さをもたらしている。

（2）拡散性
　世界諸国が保有する兵器は、その国の科学者や技術者が独自に開発する場合もあるが、外国製の兵器を輸入したり、外国から導入した兵器技術を利用して開発・生産されることが多い。外国の兵器を密輸したり、先進国の技術が密かに流出する場合もある。一つの国が兵器を独占し続けることは困難であり、兵器には拡散性がある。
　13世紀半ば、中国が発見した火薬の存在を知った英国の哲学者ベーコンは、火薬の製法の秘密を保持するため暗号で書きとめたといわれるが、火薬の製法はやがて知れ渡った。火薬は14世紀のヨーロッパで広く使用され、15世紀に東アジアに広がり、16世紀半ばに種子島に鉄砲が伝来する。
　自国の安全にとって必要と判断した場合、国家は様々な手段を使って兵器の秘密を入手しようとする。人類最初の核兵器開発に成功した米国は、米国が核兵器を独占する時代が当分続くと楽観していた。米国の核兵器製造計画（「マンハッタン計画」）に投入された予算や人員の規模は空前絶後で

あり、核兵器完成に必要な技術のハードルの高さから見ても、同じことを実行できる国は見当たらなかったからである。しかし、米国の原子爆弾投下のわずか4年後、ソ連は核実験を成功させ核兵器を保有した。ソ連は大掛かりなスパイ活動を巧みに展開して米国の科学者らに接触し、核兵器製造方法に関する情報を入手したのである。

　兵器技術は模倣されることもある。兵器製造に関する完全なノウハウを入手できなくても、外国から輸入した兵器やコンポーネント、少数のサンプルなどを研究して同じタイプの兵器が製造されることがある。冷戦後に起きた弾道ミサイルの拡散は、冷戦中にソ連が東側諸国や友好国にスカッド・ミサイルを提供したことが要因の一つになっている。北朝鮮はスカッドを改良しながらミサイル技術の製造力を向上させ、弾道ミサイルと関連技術をイラン、シリア、リビア、パキスタンなどに輸出して外貨を稼ぐようになった。

　非国家主体の活動が兵器と兵器技術の拡散を促進することもある。パキスタンのカーン博士は、母国の核兵器の開発を主導しただけでなく、個人的な取引を通じて核兵器の闇市場ネットワークを作り上げた。ソ連邦が崩壊した後のロシアでは、核兵器の管理体制が杜撰になり、少量ではあるが、核物質が流出する事例が見られた。技術のデュアル・ユース性、インターネットの普及をはじめとするグローバリゼーションの進展など、兵器の拡散を加速する要因がいくつもある。

（3）進展性と限界

　古代から現在までの兵器の歴史を見ると、何時の時代も兵器は進化し続け、兵器の進歩は止まることがなかった。しかし、戦争と平和に及ぼす兵器の効果や兵器の実用性という観点から見ると、すべての兵器が際限なく発達し続けるわけではない。小火器（銃など）は、弾丸の発射機能、弾丸の威力、距離、正確さ、操作性などの諸要素の向上によって発達してきたが、兵士が扱える程度の反動の大きさでなければ実用性がない。兵器の性能の向上は、人間の身体的な耐性という限界にぶつかる＊3。

　兵器は常に最先端の技術を必要とするわけではない。ロシアで1947年に作られたカラシニコフは世界中に出回っており、最もポピュラーな自動小銃である。シンプルな構造、安価に量産できること、作動性の良さ、使い

第4章　科学技術と軍備管理

やすさに定評がある。砂や泥をかぶっても良好に作動する信頼性など、精密兵器にない長所がある。一方、ハイテク化が進められている小型武器も多い。米国は対テロ作戦用に長距離射撃用の狙撃銃、敵の装甲を貫通する装甲貫通弾、新型アソルト・ライフルなどを次々に開発している。命中精度の向上や軽量化など、技術改良にかかる開発費用は大きいが、市街戦で一般市民の犠牲を出さずにテロリストとの戦闘に勝利するため、新しい機能の追加に取り組んでいる。

　最先端の技術獲得が特に重視されるのは、戦闘機である。戦闘機の世界では一番でなければ意味がないと考えられているため、開発計画の規模もコストも桁違いに大きくなる。米国の最新鋭戦闘機 F2 ラプターは、その性能と開発費用の高さが世界の注目を集めた。米国46州の兵器メーカーと部位メーカーが連携し、開発予算の削減、議会の反対、試作機の墜落などのハードルを越え、10年以上の紆余曲折を経て完成にこぎつけた。チタンとアルミと熱可塑性樹脂の塊の中に、最も先端的な設計が具現化された。速度とステルス性、高度な操縦装置が備えられたことにより、将来の戦闘機は、ラプターとその標的の二種類になるといわれている。米国と対立関係にあるロシアと中国は、当然のことながら、米国の戦闘機の能力向上を注視しているが、戦闘機のような主要装備（通常兵器）が、国家間の軍備管理の対象にはなることは考えにくい。また、戦闘機の性能向上も、人間の体力と耐性の限界からみて、限界に近づいてきたと考えられる。

　大量破壊兵器の技術的進展性については、本章1で述べたように生物兵器の行方が懸念される。弾道ミサイルの技術は半世紀前に登場しており、今日では最先端技術というほどではない。弾道ミサイルの拡散が重視されるのは、北朝鮮のように核兵器を新たに保有した国が、核兵器の運搬手段として利用する可能性があるためである。もっとも、冷戦時代のソ連に比べると北朝鮮の弾道ミサイルの発射実験の回数は少なく、兵器の信頼性は高くはないと見られる。弾道ミサイルに核弾頭を装着する技術は難しく、射程の延伸や命中精度の向上も技術のハードルは高い。

3. 科学者の行動と安全保障

(1) 科学者と兵器

　科学者たちは、兵器と戦争にどのように向き合ってきたのか。中世に生きた万能の天才ダ・ヴィンチは、その能力を兵器の開発にも発揮し、新兵器のアイデアを支配者に提案していた。数世紀後に実現する様々な近代兵器を、実験の道具などが未発達の時代に考案した知能は驚くべきものであるが、彼が残した書物には兵器製造に関わることに良心の呵責を感じていたことが記されている。中世が終わる頃に科学に革命をもたらしたガリレオは、理論科学の知識を提供して祖国イタリアの軍備増強に協力したが、彼の著作には軍事との関わりに関する記述が見当たらない。

　米国の南北戦争時代に生きた医師リチャード・ガトリング（Richard Gatling）は、あまりに多くの若者が死んでいくのを見て心を痛め、戦争に行く若者の数を減らす方法はないかと思い悩んだ。一度に何十発の弾丸を発射できる銃があれば、百人の兵士の仕事を一人の兵士が行えると考え、機関銃（ガトリング銃）を発明したという。同じ頃、発明家ハイラム・マキシム（Hiram Maxim）は、機関銃で金儲けしようと考えて英国に渡り帰化した。彼が製造したマキシム式速射機関銃は、英国の植民地獲得の際に重要な役割を果たしたとしてナイトの爵位を与えられた。兵器の改良に携わる技術者の動機は様々である。

　兵器技術が高度化し、大量殺戮の能力を持つようになった後も、戦争と兵器に対する科学者の考え方は各人各様である。第一次世界大戦中に毒ガス兵器を作り出したドイツのフリッツ・ハーバー（Fritz Haber）は、「戦争になったときは、国家の勝利に貢献することが科学者の使命である」と考え、塹壕内の連合国軍兵士に大打撃を与える新兵器を率先して作り出した。自分が作った化学兵器が大量の無残な死をもたらしても、彼は意に介さなかったという。ハーバーは、アンモニア合成法の開発でノーベル化学賞を受賞するほど優秀な学者であった。

　兵器と戦争に向き合ったときの科学者の思考と行動は様々であり、それは科学者個人の生き方や考え方の問題であるとされてきた。大量破壊兵器を規制する条約には、非人道性を非難する文言が含まれている（ジュネー

第4章　科学技術と軍備管理

ヴ議定書の前文では、「化学兵器の使用は文明世界の世論によって正当にも非難されている」という記載がある)。国家が化学兵器を使用した場合は、ジュネーヴ議定書に含まれた国際規範を破ったとして国際社会から非難される。大量破壊兵器を発明した科学者の責任はどのように考えればいいのだろうか。

（2）科学者の責任

　兵器の製造に関わる科学者の倫理という問題は、戦争と兵器の長い歴史のなかで常に問われていたはずなのに、本格的な論争や研究は行われていないと見られる。「科学や技術を何に使うかを決めるのは人間であり、技術そのものの価値は中立的である」という考え方がある。科学の兵器への応用は国の政治が決めることで、科学者は余計なことは考えずに、自分の研究で成果を出すことに専念すればいいのだろうか。「自分の研究や発見にどのような応用可能性があるかについて、最も正確な知識を持つのは科学者本人であり、社会に与え得る効果について無関心であることは許されない」という考え方もあるだろう。科学者は自分の研究に心血を注ぐ一方で、国家や社会の問題に常に目を配る義務があるのだろうか。科学者の生き方や倫理のあり方という問題には、たぶん正解はないのだろう。誰もが納得する解答を出すことは難しく、答えを出す権限を持つ機関や人も存在していない。

　科学者の政治への関わりも様々で、科学者の政治行動への評価も分かれる。アインシュタインは、化学兵器を開発したハーバーを強く非難したことがあるが、米国に原子爆弾製造計画（マンハッタン計画）の開始を進言したのはアインシュタインであった。ナチス・ドイツに先を越されることを恐れたためであったが、実際はドイツの核開発はそこまで進んでいなかった。サハロフはソ連の水爆開発を主導した物理学者であり、32歳の若さでソ連科学アカデミーの正会員に選ばれたが、核実験による放射能汚染を目の当たりにして核実験の中止をソ連政府に進言し、核軍縮の運動家になった。社会主義体制を批判する人権運動家としての活動が評価され、ノーベル平和賞を受賞した。

　個々の軍備管理問題に取り組む人々は、安全保障政策の観点から、兵器と技術のコントロールに関心が集中しており、その兵器と技術を登場させ

た科学者や技術者たちの役割や責任にまで考えが及ばないが、軍備管理に関する広い視野を得るためには、科学者と技術者の動きにも目を配る必要があるかもしれない。

（3）科学研究のミスユース

　アインシュタインのような天才科学者でなくても、一つの領域で科学の専門知識を持つ人であれば、軍備管理の諸問題に影響を及ぼす可能性がある。近年、科学の研究成果の悪用の危険性（「ミスユース」という言葉が使われる）が、軍備管理の重要問題として議論されている。ミスユースの事例として、最先端の生命科学の研究成果がテロリストに悪用される可能性が最も警戒されている。コナン・ドイルの名作『まだらの紐』のなかで、シャーロック・ホームズが「医者が悪事に手を染めると最悪の犯罪者になる」と呟く一節がある。推理小説の世界では、人を救う医者が実は犯人であったという話は古くからあるが、バイオ革命が進行中の今日、医学とその関連領域の科学研究のミスユースがもたらすリスクが拡大している。

　近年の遺伝子操作技術の進展は、農業、工業、医学の分野で画期的な成果を期待させるが、今まで存在しなかった生物剤が生まれ、それが生物兵器に転用される可能性もある。病原性が強められた細菌が作られ、安い費用で大量生産されることも考えられる。研究過程で生まれた危険な病原体が盗まれる可能性も考えておかなければならない。テロリストやその支援者たちは、研究データが蓄積されたコンピューターに外部から侵入して製造ノウハウを盗み出すかもしれない。

　軍備管理は、国家が開発・配備する兵器に関する規制として始まった。冷戦中に米ソが戦略核兵器交渉を行ったとき、両国の交渉責任者たちが問題にしたのは、協議妥結の結果として残る相手国の核兵器の種類と数であった。両国のインテリジェンス機関は、相手国の核兵器の製造施設の動きを偵察衛星などで探っていたが、製造施設内の状況までは分からず、軍備管理の担当者の関心もそこまでは向けられなかった。今日、軍備管理の専門家たちは、民間の自然科学の研究活動のなかで、研究成果が悪用される可能性にまで神経を尖らせている。テロの脅威の拡大によって、科学研究のミスユースの防止と早期発見が軍備管理の重要な課題になったのである。

第4章　科学技術と軍備管理

（4）科学研究の自由と安全保障

　自然科学の研究には、真理の探究という学問的価値があり、研究成果は人類の幸福に役立つ形で活用されることが前提として取り組まれてきた。学界で発表された研究成果は実社会に応用され、世界共有の財産となる。科学研究は自由に行われるのは当然であるとされてきた。しかし、近年、科学研究が国家の安全保障に及ぼす「負の側面」にも注意が向けられている。コンピューター技術のパイオニアとして有名なビル・ジョイ（Bill Joy）は、「遺伝子工学、ナノテクノロジー、ロボット技術の三分野の急速な進歩によって、人類を滅ぼしうる技術が拡散している。このような技術は規制を試みるより、むしろ放棄すべきではないか」という挑発的な問題提起を行い、注目を集めた。

　科学研究の規制をめぐる議論が活発化したのは、今後の技術進歩の結果、人類が兵器の進化をコントロールできなくなる事態が訪れるという悪夢が浮上しているからである。遺伝子工学だけでなく、原子や分子を操って極微の機械をつくるナノテクノロジーも生物兵器への応用可能性がある。ロボット技術については、遠隔操作で戦場の任務を遂行する無人機（UAV）が対テロ作戦で現に使われている。ロボットの知能化の進展により、やがて人間と対決するという、映画『ターミネーター』のような話が議論されることもある。

　実際問題としては、科学技術の発展を止めることは不可能であり、発展の成果を完全に放棄することもありえないと思われる。人類の幸福と発展のために科学研究の自由は守られなければならない。一方、米国を中心に「安全保障と自由な研究活動の両立」というテーマが設定され、国防関係者と科学者の共通課題として真剣に議論されている事実も重視する必要がある。全米科学アカデミーは2004年に報告書（「テロリズムの時代における生命工学研究」）を発表し、この問題への注意を喚起した。日本では、日本学術会議の基礎医学委員会が、病原体研究に関するデュアルユース問題に関する提言を発表している。

＊1　平和な時代にも兵器技術は進展する。第一次世界大戦後のヨーロッパでは軍用機に対する関心が失われていたが、飛行機好きの人々が国際的な飛行機レースを定期的に開催した。今日の F-1 レースのように飛行機の速度を競いあい、

技術を改良していった。第二次世界大戦前に登場した英国のスピットファイアー（最新戦闘機）は、飛行機レースを通じて向上した航空技術（推進力と設計）の産物である。

*2 Michael E. O'Hanlon, *The Science of War: Defense Budgeting, Military Technology, Logistics, and Combat Outcomes*, Princeton, 2010, Chapter IV.

*3 兵器の歴史については、加藤朗『兵器の歴史』芙蓉書房出版、2008年を参照。

第Ⅱ部

※

軍備管理各論

第5章
核兵器の軍備管理

　核兵器の恐ろしい破壊力は誰でも知っており、核兵器を規制することの重要性は明白である。核兵器は他の兵器とどこが違うのか。冷戦中の米ソは核戦争を如何にして回避したのか。冷戦が終わってから新たに核兵器を保有する国が現れたのは何故か。今日の核兵器の軍備管理はどのようなチャレンジに直面しているのか*1。

1．核兵器の脅威

（1）核兵器とは何か
　核兵器の製造を可能にした核物理学は、20世紀初めから発展した。1930年代に入ってから、原子核に秘められた巨大なエネルギーが兵器に利用され得ることが分かってきた。第二次世界大戦中、世界的な名声を得ていたアインシュタインは同僚の科学者の進言を受けて、ナチスが核兵器を製造する可能性を米国のルーズベルト大統領に手紙で伝えた。事態の深刻さを知ったルーズベルトの決断によって、米国の原子爆弾の開発製造計画（マンハッタン計画）が1942年8月から開始された。ドイツからの亡命者を含め、当時の傑出した科学者と技術者が秘密裏に集められ、空前絶後の規模とスピードで核兵器製造計画が進められた。1945年7月、米国は世界最初の原子爆弾の実験に成功し、広島と長崎に原子爆弾が投下された。核兵器の未曾有の破壊力は世界に衝撃を与え、人類は新しい時代に入ったことを実感した。米国との対立が深まっていたソ連は核兵器の開発を急ぎ、1949年に核実験に成功する。
　核兵器の巨大な破壊効果は原子核反応から生ずる。原子爆弾は、ウラン235やプルトニウム239などの核分裂性物質の連鎖反応で発生するエネルギーを利用する。水素爆弾は、重水素や三重水素など、水素の同位元素の原

子核が核融合反応を起こして発生するエネルギーを利用する。核融合反応に必要な数千万度の高温を得るために原子爆弾の爆発が利用されることから、水素爆弾は熱核爆弾とも呼ばれ、原子爆弾よりずっと爆発威力が大きい。米国は1954年に、ソ連は1955年に水素爆弾を完成させた。

民生用の原子力発電で利用される低濃縮ウランは、そのままでは核兵器の材料にならない。原子爆弾を製造するためには、濃縮度が90%以上のウランが必要になる。平和目的でウラン濃縮を行っていたとしても、ウランの濃縮を進めていけば、核兵器の製造能力が高まっていく。このため、核不拡散条約（NPT）の加盟国の濃縮施設は国際原子力機関（IAEA）の査察を受け、核兵器の製造を行っていないことが確認される。ウラン濃縮には遠心分離機が使われることが多いため、ある国が密かに遠心分離機を購入した場合は、核兵器の開発が疑われる。

プルトニウム239は原子炉の中で人工的に生成され、再処理や化学的な分離方法によって作られる。核兵器の製造に利用されるのは、93.5%の純度のプルトニウム239である。ウラン235は約15キログラム、プルトニウム239は約5〜8キログラムで、1発の核爆弾を製造できるといわれているが、その国の技術レベルにより、必要な量に差異がある。核分裂物質の保有量が分かれば、その国が保有し得る核爆弾の数の上限が推計される。核兵器の設計技術の水準などは、外部からは分からない。

核弾頭の組立・生産は、弾頭の中心部にあるピットをはじめ、ピットの周囲を取り囲むタンパーや高性能爆薬による爆縮レンズなどを含め、全体として非常に複雑なシステムになっている。核実験によって、製造した核兵器が設計どおりの爆発を起こすことを確認するまでは、兵器の信頼性に不確実性が残る。

核兵器はいくつかの部分（コンポーネント）から構成されている。中心部分は核弾頭であり、核爆弾（爆弾ケースに収納）や核ミサイル（弾頭に搭載）などがある。広島と長崎に落とされた原子爆弾は爆撃機（B-29）で運ばれた。ソ連が1957年に人工衛星スプートニクの打ち上げに成功してから、相手国に届く弾道ミサイルが米ソの核兵器の中心的な運搬手段になる。他にも砲弾、地雷、魚雷などが核兵器に利用される可能性がある。冷戦中のソ連では、スーツケースに納まるサイズの核兵器が開発されたといわれる。核兵器の脅威はどれも大きいが、軍備管理の観点からは、弾道ミサイルを

拡散させないことと、テロリストに核兵器や核技術を入手させないことが重要課題とされている。

　核兵器の効果は、爆発が起こるポイントと地表面との位置関係により異なる。高度3万メートル以上の高空爆発では、爆風効果は弱いが、電磁パルス（EMP）と呼ばれる特有の効果が見られる。3万メートル以下の空中爆発では、高度によって火の玉が地表に接する場合もあれば、接しない場合もある。火の玉が地上に接触すると、地表に存在する物質が大量に吸い込まれて上昇し、後で放射性降下物（いわゆる「死の灰」）が地表に降りてくる。

　核爆発の効果のなかで、人や建物に最大の被害（破壊）をもたらすのは爆風と熱線である。爆風波の到着は、突然の衝撃的な一撃として感じられ、そのあとすぐに爆発地点からハリケーンのような突風が吹き荒れる。爆風は戸外にいる人を吹き飛ばし、建物を倒壊させ、熱線とともに火災を引き起こす。核爆発は、軍事施設か一般市民かを問わず、無差別に破壊する。化学兵器や生物兵器にも大量殺戮能力があるため大量破壊兵器と呼ばれているが、一つの都市とそこに住む人々を一瞬にして壊滅できるのは核兵器だけである。

　電磁パルス効果は核兵器に特有のものであり、電子機器の機能を麻痺させる。二つの国が核兵器を相互に使用する核戦争が起こった場合、国家の通信システムに広範な影響が及び、収拾がつかなくなる可能性がある。放射線は、爆発後約1分間以内に放出される初期放射線と長い時間にわたって放出される残留放射線の効果は異なるが、いずれも人体に重大な影響を及ぼす。核爆発が起こると、このような複数の効果が総合的に現れる。核爆発の破壊効果を減殺する効果的な方法は存在しない。冷戦時代、米欧諸国では核戦争に備えて地下に核シェルターが建造されたが、核爆発と汚染から一時的に生き残れたとしても、地上の生活環境の破壊により長くは生きられないと考えられていた。

（２）核危機の事例

　米ソが核戦争の瀬戸際に追い込まれたキューバ・ミサイル危機は有名であるが、冷戦が続く間、核戦争が起こる可能性は恒常的に存在していた。東西ドイツを中心にするヨーロッパ正面では両陣営の大規模な通常戦力が

向き合い、西ドイツ、フランス、英国には核兵器が配備されていた。米国は、自国本土に配備した戦略核兵器を使用してでも西欧諸国を防衛すると公約していたため、東西間で軍事衝突が起これば大規模な核戦争にエスカレートすると考えられていた。ヨーロッパ以外の地域でも核危機の事例はある。第四次中東戦争でイスラエル軍が窮地に立たされたとき、米国はソ連の軍事介入を阻止する目的で、核戦争へとエスカレートするリスクがあると警告した。他にも、核兵器システムを構成している機械の誤作動や人為的ミスなどにより、偶発的な核戦争が起こる危険性があった。

東西対立に基づく核危機は冷戦の終結によって過去のものとなったが、核兵器を保有する国が新たに登場し、地域紛争で核兵器が使われるリスクが浮上した。朝鮮半島では、核開発を続ける北朝鮮に対して米国が武力行使で解決を図る可能性を検討したため、1994年前半に軍事的緊張が高まった。朝鮮半島の軍事的緊張は今も続いている。秘密裏に進められていたイラクの核開発計画は、湾岸戦争後にその実態が明らかになったが、これも言わば潜在的な核危機の事例である。軍事的に対立するインドとパキスタンは1998年に核実験を行い、核兵器を保有した。核兵器の増強を続ける印パの対立は、核戦争のリスクをはらんでいる。「9.11テロ」を実行したアルカイダは、核兵器の保有を目指していたといわれており、米国は核テロの脅威を深刻に受け止めて、様々な対策を講じている。

（3）核兵器の脅威をどう見るか

地球上には様々な兵器が存在しているが、桁違いの破壊効果、対抗手段の不存在、人々に与える恐怖心の大きさという点において、核兵器の脅威は別格と見るべきである。核兵器の存在自体が脅威であり、核兵器を保有していなくても、近い将来に保有する可能性があるというだけで、危機や戦争を引き起こす効果がある。広島と長崎に投下された後、核兵器が使用されることは一度もなかったが、冷戦中も冷戦後も核危機が起きている。様々な兵器を対象に軍備管理が取り組まれているが、核兵器の軍備管理が最も重要である。

今日、世界全体に存在する核兵器の数は1万発を超えるといわれる。軍縮平和論（兵器が戦争の原因であり、兵器の大幅削減あるいは全廃が必要と考える）に立てば、どの国の核兵器であれ、核兵器は削減され、廃棄されるべ

第5章 核兵器の軍備管理

きである。核兵器を地球上からなくさない限り、世界平和は訪れないということになる。米欧の軍備管理論（現存する軍事的脅威に対処する軍事力の必要性を認める）の立場から見ると、核兵器の数よりも、どの国が何の目的で核兵器を保有しているかが、より重要な問題である。世界の核兵器の9割は米ロが保有する核兵器であり、冷戦時代の核軍拡競争がもたらした「負の遺産」と言える。英国、フランス、中国の核保有も冷戦時代に成立したNPT体制が背景になっている。この五大国は国連安保理の常任理事国であり、今日の国際安全保障の秩序を維持する立場にある。五大国の国防政策では、核兵器は万一のための抑止力と位置づけられており、核兵器の脅威が表面化することはほとんどない（核大国であることを強調するロシアの言動は問題であるが）。

今日の国際社会で現実的な核の脅威をもたらしているのは、冷戦後に新たに核兵器を保有した一部の国（北朝鮮、インド、パキスタン）である。また、イランのように、IAEAの査察に適切に協力せずにウラン濃縮計画を継続する国も、地域の安全保障環境を悪化させている。さらに、テロの脅威の拡大にともない、核テロが起こるリスクにも注意が必要である。冷戦時代と今日では、核の脅威の性格が変化している。地域紛争で核兵器が使われる可能性、核兵器の存在が地域紛争を引き起こす可能性、核兵器あるいは核物質がテロリストに利用される可能性が、最も懸念される核の脅威であると考えられる。

2．米ソ間の核兵器規制交渉と核実験禁止

核超大国の米ソ（ロ）は、これまでどのような核兵器の軍備管理を行ってきたのか。冷戦中の核実験禁止への取り組みは、今日どこまで進んでいるのか。

（1）米ソ（ロ）二国間の核兵器規制交渉
冷戦中の戦略核兵器交渉
冷戦中の米ソは様々な種類の核兵器を開発・製造した。大陸間弾道ミサイル（ICBM）、潜水艦発射弾道ミサイル（SLBM）、戦略爆撃機の3つは、

相手の国土を攻撃する能力があり、戦略核兵器と呼ばれた。キューバ危機（1962年）のときは米国がリードしていたが、1960年代後半にソ連が猛烈な勢いで戦略核の増強を行い、米国はソ連に追い抜かれる不安があった。米ソは、飛翔してくる ICBM や SLBM を迎撃する防御システムとして弾道弾迎撃ミサイル（ABM）の開発計画も進めた。核攻撃兵器と防御兵器の双方で軍拡競争が激化したため、軍拡競争の負担と核戦争が起こることへの不安が両国の共通の悩みになった。

　ニクソン政権の呼びかけにソ連が応じ、戦略核と ABM を対象とした第一次戦略兵器制限交渉（SALT-Ⅰ）が1969年末から始まった。激しい主張の応酬があったが、1972年5月に交渉が妥結した。戦略核兵器を規制する攻撃兵器暫定協定（期限5年間）では、米ソの ICBM は当時のランチャー（発射台）の数で凍結された（米国は1,054基、ソ連は1,618基）。SLBM も当時のランチャー数が基準とされたが、旧型 ICBM を廃棄すれば、同数の SLBM を当時の水準に上乗せすることが一定の範囲内で認められた（米国は710基、ソ連は950基）。ランチャー数だけ見るとソ連側が優位に見えるが、米国が技術的にリードしていた複数個別誘導弾頭（MIRV）や戦略爆撃機が規制対象から外され、戦略バランスは大体均等（パリティ）であると考えられた。

　ABM 条約では、米ソの ABM の配備区域は2ヵ所に限定され（1974年には1ヵ所に削減された）、条約の有効期間は無期限とされた。これは両国が戦略核攻撃に対する防御システムを開発・配備する計画を放棄したことを意味し、実際、ABM の開発競争は終息した。防御兵器の分野の軍拡競争は止まったが、万一、核戦争が起これば両国ともに確実に破壊される「相互確証破壊」（MAD）の状況が続くことが確実になった。

　核戦争のリスクと恐怖が恒常化することは、米ソはもちろん世界の国々にとっても大きな不安であったが、二つの核超大国が外交交渉を通じて、相手を壊滅する能力を持つ戦略核兵器の相互規制に同意したことの意義は大きかった。SALT-Ⅰ交渉は、1960年代前半に米国が取り入れた軍備管理政策の最初の成功例である。

　米ソの戦略核規制交渉はその後も続けられ、第二次戦略兵器制限条約（SALT-Ⅱ）が1979年6月に署名された。SALT-Ⅰ交渉で先送りされた MIRV の規制などが盛り込まれ、戦略核の総数のバランスはとられたが、米国の

第5章　核兵器の軍備管理

戦略的脆弱性を高めていたソ連の大型 ICBM の脅威を削減する内容にはなっていなかった。SALT-II 条約に対する批判が米国で強まっていた矢先に、ソ連のアフガニスタン侵攻（1979年12月）があり、カーター政権は、SALT-II 条約の批准を断念した。「強いアメリカ」を掲げて登場したレーガン政権は、ソ連との軍備管理交渉を急がず、戦略核兵器の増強計画に着手したため、米ソ関係は「新冷戦」と呼ばれる状態になった。1985年にゴルバチョフ書記長が登場してから軍備管理交渉が再開されたが、レーガン大統領が打ち上げた戦略防衛構想（SDI）がソ連の態度を硬化させ、交渉進展のブレーキとなった。交渉が妥結し、START 条約が署名されたのは1991年7月であった。START 条約で定められた上限（運搬手段は1,600基、戦略核弾頭数は6,000発）の高さは、冷戦の終結が終わった当時、両国は依然として核超大国であったことを示している。

冷戦中の中距離核戦力規制交渉

米ソは、ヨーロッパを舞台とする核兵器を対象にした軍備管理交渉も行った。1970年代後半にソ連が配備を進めた新型の核弾道ミサイル（SS-20）は、西ヨーロッパ諸国の軍事基地を正確かつ迅速に無力化する能力があった。SS-20 の射程は米国本土に届かないため、西欧諸国には、「自分たちが核攻撃されたとき、無傷の米国はわれわれを見捨てるのではないか」という不安が高まり、北大西洋条約機構（NATO）の諸国間に不信感が生まれた。NATO は対応策を協議し、米国がソ連の SS-20 に対抗する最新の核兵器を西欧に配備する計画を準備し、その圧力を梃にしてソ連と軍備管理交渉を行うことを決定した。中距離核戦力（INF）を規制する交渉が1981年から始まり、米国は SS-20 の撤去を要求したが、ソ連は応じなかった。INF 交渉が成果を出せず、米国の中距離核兵器が西ドイツと英国に配備され始めると、核戦争の危機が近づいたという恐怖が西欧諸国に広がり、ヨーロッパの各地で大規模な反核デモが起きた。ゴルバチョフ書記長が登場してからソ連の政策が変わり、INF 交渉が再開された。ソ連は米国の要求を受け入れ、両国の INF を全廃とその検証を定めた条約がまとまり、1987年12月にレーガンとゴルバチョフが署名した。

冷戦後の戦略核削減交渉

冷戦後、ソ連の戦略核兵器はロシアに引き継がれ、米ロ間で戦略核の規制交渉が進められている。1993年に第二次戦略兵器削減条約（START-II

条約)、2002年に戦略攻撃能力削減条約が署名され、戦略核が段階的に削減されていく流れが定着した。2010年に署名された新START条約では、条約発効後7年で運搬手段は500～1,100基（機）、核弾頭は1,500～1,675発の範囲に削減することが規定された。「核兵器のない世界」というビジョンを提示したオバマ大統領の意向が反映され、それまでの条約よりも削減の幅が大きくなっている。

　米ロの戦略核兵器の数が削減されているため、数的な側面だけをとらえれば、核軍縮が進展しているといえるが、他の3つの核兵器国（英国、フランス、中国）の保有数と比較すれば、米ロは今日でも核大国である。核軍縮を強く望む国や人々は、米ロはもっと大幅な核軍縮を進めるべきであると不満を表明している。「核兵器のない世界」の実現に向けて真剣な努力が払われていないと、批判する人も少なくない。

　米ロは現在も、ICBM、SLBM、戦略爆撃機を戦略核戦力の三本柱として維持し、国防政策における核抑止力の必要性を認めている。米ロの核政策には継続性があるが、米国は冷戦後の安全保障課題に対処する上で、ミサイル防衛、高度な通常戦力開発、軍事インフラ強化などを重視し、国防政策における核兵器の役割を小さくしようとしている。大国復活を狙うロシアは、自国が核大国であることを強調する傾向がある。両国の核政策と核軍備管理政策は異なるが、米ロの核軍縮の流れが変わることは考えにくく、冷戦時代のような核危機が再発する可能性も想定しにくい。今日の米ロの戦略核交渉は、冷戦時代の米ソ間の交渉とは、基本的に異なっている。ロシアが現地査察を受け入れ、検証がほとんど問題にならないことも冷戦時代との違いである。ヨーロッパの安全保障環の激変により、NATOの国防政策における核兵器の位置づけも変化した。

（2）核実験禁止
冷戦中の取り組み

　すべての兵器の効果と信頼性は実験によって確認されるが、核爆発を起こさせる技術は特に高度であるため、新たに核兵器を保有して国防政策の柱にすることを決断した国は核実験を実施する。核爆発を起こさせる能力が実験で確認された後も、核兵器の効果や能力に対する信頼性を再確認するためのデータを求めて、実験が繰り返されることがある。1940年代後半

第 5 章　核兵器の軍備管理

から50年代前半にかけて、米ソは大気圏で頻繁に核実験を行った。英国の核開発計画は米ソより小規模であったが、米国から技術支援を受けていた。米国が1954年に太平洋上で行った水爆実験で、日本の漁船（第五福竜丸）の乗組員が被曝し、「放射能マグロ」による風評被害や放射能への不安が国内で広がった。大気圏の核実験による地球環境汚染への国際的関心が高まり、核実験を繰り返す米ソに世界から批判が向けられた。

　核実験を何度も行った米ソ英の三国は、大気圏で核実験を行わなくても、地下核実験だけで必要なデータを確保できると判断し、核実験の範囲を制限する条約の作成に乗り出した。三国の利害が一致していたため、1963年7月から18ヵ国軍縮委員会（ENDC）の場で行われた条約作りの協議は簡単にまとまり、部分的核実験禁止条約（PTBT）が同年10月に発効した。交渉開始から発効までわずか3ヵ月という異例の早さであった*2。核実験の数が少なかったフランスと中国は PTBT に参加せず、大気圏内の核実験を続けてデータを蓄積した。PTBT を中心とした冷戦中の核実験禁止の取り組みは、禁止の範囲と参加国が限定されていた。また、冷戦中は五大国以外の国で核実験を行う能力を持つ国は限られていた（インドは1974年に核実験を一度だけ実施した）。米英ソが大気圏の核実験を自主的に停止した理由の一つは地球環境への配慮であったが、核開発技術で先頭を走っていた三国には自国の技術的なリードを温存する狙いもあったと思われる。米国とソ連は地下核実験を、フランスと中国は大気圏で核実験を続け、核兵器の開発を続けた。各国とも自国の都合で行動していたといえる。

包括的核実験禁止条約（CTBT）

　冷戦が終わり、世界の国々が国防政策を見直すなかで、核実験禁止のあり方も再検討された。米ソ（ロ）の核兵器削減の開始、湾岸戦争後に発覚したイラクの核開発計画、北朝鮮の核開発問題の深刻化など、核問題の新しい展開があった。また、1995年には冷戦時代に作成された核不拡散条約（NPT）の期限を決める再検討会議が予定されていた。核拡散の防止に対する国際的関心が高まり、新たに核実験を行う国を出現させないことを目標として、すべての核実験を禁止する条約作りの協議が、ジュネーブ軍縮会議（CD）で1994年から開始された。1995年5月に NPT の再検討会議で条約の無期限延長が確定した際、「核不拡散と核軍縮のための原則と目標に関する決定」が採択され、包括的核実験禁止条約（CTBT）を作る交渉

を1996年までに完了させることと、核兵器の材料の生産を禁止するカットオフ条約（FMCT）*3の早期成立が目指された。インドの反対によってCTBTの最終案はCDでは採択されなかったが、オーストラリアなどの国々がこの案を国連総会に提出し、1996年9月に賛成多数で採択され、署名と批准のために開放された。

　CTBTは、宇宙空間、大気圏内、水中、地下を含むあらゆる空間における核兵器の実験的爆発及び他の核爆発を禁止する条約である。条約の目的は、核開発と核拡散の防止、秘密の核実験の発見と抑止、地球環境の保護である。条約の検証を行うために包括的核実験禁止条約機関（CTBTO）が設置された。CTBTOの技術事務局のもとに4つの方法（地震波、放射性降下物、微気圧変動、水中音響）による監視観測所が世界321ヵ所に設けられ、全地球を24時間監視して、秘密裏に行われる核実験を探知することが計画されている。

　条約の発効には、特定された44ヵ国の批准が必要とされているが、8ヵ国が未批准のためCTBTは今日まで発効していない*4。批准していない国の事情や思惑は様々である。インド、パキスタン、北朝鮮は核実験（いずれも地下で実施）を行ったあと、その事実を自発的に公表した。核実験を発見するCTBTの監視網は、国際社会の非難を覚悟して核実験を強行する国には効果が及ばない。北朝鮮が2013年2月に行った核実験はCTBTOに探知されたが、北朝鮮のその後の行動に影響を与えた形跡はない。

　CTBTで禁止されているのは核爆発を伴う核実験であり、核爆発を伴わないコンピューター・シミュレーションや未臨界実験を禁止する規定は存在しない*5。米国は、自国が保有する核兵器の信頼性と安全性をテストする目的で、未臨界実験を何度も実施してきた。核兵器の早期廃絶を願う人々から見れば、核兵器の温存を前提とした未臨界実験を許すCTBTには重大な抜け穴がある。とはいえ、冷戦時代の核実験の多さに比べれば、冷戦後の核実験の数は限定であり、核実験の競争が行われているわけではない。北朝鮮のように何度も核実験を繰り返す国は特殊な例外であり、インドとパキスタンは1998年の核実験以降、一度も核実験を行っていない。CTBTが未発効の状態であっても、核実験を「禁じ手」とする事実上のルールと規範が国際社会には存在すると思われる。核実験は核兵器保有のためのステップであり、核保有の計画を持たぬ国が核実験を行うことはな

い。核不拡散体制の支柱は NPT であり、新たにに核保有を目指す国を登場させないことが最重要課題である。

3．核不拡散体制

　化学兵器や生物兵器の軍備管理と異なり、核兵器の軍備管理はグローバルな不拡散を目的とする核不拡散条約（NPT）とは別に、いくつかの地域で独自に形成された非核兵器地帯というリージョナルな取り組みがある。

（1）核不拡散条約（NPT）
条約の成立
　米国が原子爆弾を投下した後、ソ連（1949年）、英国（1952年）、フランス（1960年）が核実験を実施して核兵器を保有し、次に核兵器を保有するのはどの国かに国際的関心が集まった。1964年に中国が行った核実験を行い、アジアで最初の核保有国になった。核兵器の拡散がどこまで続くか、国際社会の懸念が高まった。核軍拡競争を続けていた米ソは、核拡散を防止することに共通の利益を見出し、核兵器国の開発や移転を禁止する条約の草案を、1967年に18ヵ国軍縮委員会（ENDC）に提出した（英国も米ソの行動に賛同した）。米ソ英が提案した条約は、既に核実験を実施して核兵器を保有した五大国と、未だ核実験をしていない国とを別扱いする内容であった。この不平等性に反発する国は多く、インドは途中で協議から撤退した。最終的には、反対国の要求や主張に一定の配慮が払われた最終草案が作成され、国連総会で承認された。1968年7月に米国、ソ連、英国と他の59ヵ国が NPT に署名した。フランスと中国は、米ソ英が主導して成立させた NPT への参加に抵抗感を持ち、署名しなかった。NPT は1970年3月に発効した（当時、97ヵ国が署名し、47ヵ国が批准した）。

条約の内容
　NPT の第1条では、「核兵器国は核兵器その他の核爆発装置をいかなる者に対しても委譲してはならない」と定められた。核兵器国とは、「1967年1月1日前に核兵器その他の核爆発装置を製造しかつ爆発させた国」とされ、国連安保理の五大国（米、ソ、英、仏、中）を指している。五大国には、

「核軍縮の交渉に誠実に取り組む義務」が定められたが（第6条）、核兵器を保有することは条約上、許された。第2条では、「非核兵器国は、核兵器その他の核爆発装置を如何なる国からも受領せず、製造せず、核兵器その他の核爆発装置の製造について援助を求めない」と規定された。グローバルな核不拡散への約束を定めたこの規定が、今日の核不拡散体制の根幹を成している。

非核兵器国は核兵器を保有しない約束と引き換えに、原子力の平和利用を行うことが「奪い得ない権利」として認められた。平和目的であればウラン濃縮やプルトニウム再処理を通じた核燃料サイクル計画が可能であり、原子力先進国から技術協力を得られることも定められた。原子力の平和利用が核兵器製造に転用されることを防止するため、非核兵器国は国際原子力機関（IAEA）の保障措置を受ける義務を課せられた。

条約の意義と問題点

NPTが成立するまでは核実験と核兵器の製造は主権国家の自由とされ、核拡散を防止するための国際ルールは存在していなかった。NPTの成立によって、核不拡散が国際社会の共通目標になった。NPTの前文で、「核兵器の拡散は核戦争の危険を増大させる」という見方が述べられたことは、「核兵器は拡散させてはならない」という国際規範の成立を意味する。IAEAによる査察が始まったことにより、NPTの加盟国がある日突然に核兵器国になる可能性は小さくなった。

問題点としては、核兵器国の特別扱いという差別性のほかに、原子力の平和利用と国際協力を通じて、核兵器技術の拡散が進む恐れがあった。核技術はデュアルユースであり、原子力発電の普及にともない、核兵器の製造能力が高まることは避けがたい。IAEAの査察によって、ある国が秘密裡に進める核開発計画を発見できるかどうかにも不確実性があった。

（2）原子力の輸出管理措置

NPTでは、条約加盟国は原子力先進国から技術協力を得られるとされていたが（第3条第3項）、米欧諸国は原子力技術の輸出を通じた核拡散が起こることを警戒していた。インドの核実験（1974年）は世界を驚かせた。インドの核実験で使われたプルトニウムの製造には、米国から輸入した重水とカナダ製の原子炉が利用された。欧米諸国は原子力技術の輸出には厳

第5章 核兵器の軍備管理

しい姿勢で臨む必要があると認識し、原子力の輸出管理措置に関して協力する仕組みを作ることを決めた。スイスのクロード・ザンガー（Claude Zangger）教授の提唱によって、原子力関連の資機材の輸出管理を目的とする委員会が設立され、規制の対象となる品目リストが1974年に合意された。「ザンガー委員会」の規制対象は原子力専用品に限定されていたが、1978年に発足した原子力供給国グループ（NSG）は、汎用品と関連技術も規制対象とするガイドラインを作成した。

途上国の原子力開発は先進国から輸入した原子炉や資機材に依存する部分が多いため、原子力関連の輸出管理の強化によって、核兵器の製造能力の向上にブレーキがかかる。しかし、安全保障の必要性から是が非でも核兵器を持とうとする国は、密輸などの手段を講じて核能力を高めることがある。1970年代後半、パキスタンのカーン博士は闇市場ネットワークを築き上げ、核兵器製造に必要な資材と技術を母国にもたらした。

冷戦後、NSG では輸出管理の強化が検討され、新たに65品目にのぼる汎用資機材を規制品目とすることが1992年に決められた。輸出規制の実効性を確保するため、参加国の意見・情報交換を促進する常設機関が設置され、参加国が核関連資機材を輸出する際には、輸入国に対して包括的な査察・検証を義務づけることが合意された。輸出管理の制度は改善されているが、NSG による輸出管理の効果には限界がある。NSG は参加国のコンセンサスを原則とした緩やかな制度であり、NSG のガイドラインに違反を判断する基準は曖昧で、違反に対する対抗措置が準備されていない。核兵器の製造技術に関する知見はかなり広まっており、輸出管理を強化するだけでは核拡散は止められない。また、NSG に参加国は原子力先進国であり、途上国は差別的な扱いを受けているとして不満を抱いている。

（3）非核兵器地帯条約

NPT と原子力の輸出管理措置は、国際政治に大きな影響力を持つ大国が主導して作り上げた。東西両陣営に属さず、東西間の核戦争に巻き込まれることを恐れた国々は、自分たちの安全と安定を目的として独自のアプローチをとった。冷戦時代に成立した非核兵器地帯条約（NWFZ）は、自国とその周辺の領域に核兵器国の核兵器が配備されることを阻止し、核実験の実施を禁止するものである。中南米地域の諸国は、キューバ・ミサイ

ル危機（1962年）の経験から、大国間の核対立から遠ざかる制度の構築に乗り出し、1967年にラテンアメリカ核兵器禁止条約を成立させた（1968年に発効）。この条約には中南米の33ヵ国が加入している（最後に加盟したキューバは2002年に批准）。

　他の地域でも、同様の非核兵器地帯条約が成立した。南太平洋非核地帯条約（1985年署名、86年発効）は、フランスの南太平洋地域における核実験への懸念が契機になった。「太平洋諸島フォーラム」加盟の16ヵ国と地域（自治領）が対象で、締約国・地域の数は13である。ASEAN 諸国は、冷戦中から外国の干渉を回避する目的で「東南アジア平和・自由・中立地帯構想（ZOPFAN）」を掲げ、冷戦が終わってから東南アジア非核地帯条約を成立させた（1995年署名、1997年発効）。アフリカ非核化条約（1996年署名、2009年発効）は、南アフリカのイニシアティヴにより成立した。中央アジア非核兵器地帯条約（2006年署名、2009年発効）には中央アジアの5ヵ国が参加している。

　非核兵器地帯条約の成立経緯は異なるが、核兵器の脅威から自国を守る目的で核不拡散体制の維持強化を目指す点では同じである。条約の内容も共通点が多く、核兵器や他の核爆発装置の研究、開発、製造、貯蔵、取得、保有、管理を一切行わないこと、外国から核兵器の研究開発の支援を受けないことが約束されている。核兵器国が条約締約国の域内に核兵器を配備できないような仕組みが作られている。条約の実効性を確保するため、条約の付属議定書では、「核を保有しない国に対して核兵器の使用又は使用の威嚇を行わない」（「消極的安全保障」と呼ばれる）という約束を核兵器国に求めている。非核兵器地帯条約に入る国は、核兵器の直接的な脅威に直面していない国である。世界各地に存在する非核兵器地帯のおかげで、地球の大部分に核不拡散体制が維持されている。核拡散が問題となる地域は、北東アジア、南アジア、中東である。

（4）核拡散の動向

　NPT 体制が1970年に成立したとき、世界の国がどのように対応するか、見通しは立っていなかった。米、ソ、英、仏、中は、自国の核技術が成熟した段階で、当然であるかのように核実験を行い、核兵器を保有した。次に核兵器の製造能力を持ちそうな国のなかで、原子力発電を進めていた西

第5章　核兵器の軍備管理

　ドイツと日本が注目されていたが、両国は NPT に加盟し、非核政策を継続した。ライバル関係にあったアルゼンチンとブラジルは、核兵器の開発においても競争したが、両国の核計画は中途で停止された。イスラエルが核兵器を開発していることは「公然の秘密」であったが、近隣諸国が核兵器を保有することはなかった。南アフリカは冷戦が終わってから、「かつて核兵器を保有していたが、すべて廃棄した」と公表し、NPT に加盟した。

　冷戦が続いている間、本格的な核拡散は起こらなかった。その理由の一つは、米ソがそれぞれの同盟国と友好国に影響力を行使し、核兵器の保有を食い止めたことにある。1995年に開かれた NPT 再検討会議で条約の無期限延長が決まり、NPT 締約国の数は182ヵ国に達した。核不拡散体制は維持・強化されたという楽観ムードが世界に広がったが、3つの国がこの潮流に逆らって核実験を強行し、核不拡散体制を動揺させる。

　北朝鮮は冷戦中にソ連の支援を受けて核能力を高めていた。ソ連は北朝鮮が核兵器の保有国になることを認めず、北朝鮮に圧力をかけて NPT に加盟させた。ソ連の崩壊後、北朝鮮は核開発を加速し、IAEA が行った査察によって核開発疑惑が深まった。クリントン政権と北朝鮮の間で二国間交渉が行われ、1994年10月に「枠組み合意」が成立したが＊6、北朝鮮の核開発は続けられた。2003年から始まった中国を議長国とする六者協議（中、米、北朝鮮、ロ、韓、日）でも解決されず、北朝鮮は NPT から脱退した。2006年に最初の核実験を強行し、世界に衝撃が走った。その後も北朝鮮は核実験を繰り返し、弾道ミサイルの開発と実験も続けている。国連安保理の非難決議の採択と経済制裁の実施にもかかわらず、北朝鮮の姿勢は改まっていない。

　インドが1974年に最初の核実験を行ったとき、当時の政府は「この核実験は平和目的であり、核兵器を製造する意図はない」と説明した。インドは大国意識が強く、核兵器国としての地位を与えられた中国への対抗意識がある。インド国内では、核武装をめぐる議論があったが、冷戦が続いている間は、「核の選択肢をオープンにしておく」という曖昧な立場をとり続けた。冷戦が終わってから国防政策を見直し、1998年に地下核実験を実施し、核兵器を保有した。インドは NPT に加入したことがなく、包括的核実験禁止条約（CTBT）の署名も拒否している。

パキスタンはインドと敵対関係にあり、インドに対抗して核開発を進めた。1970年代に原子力技術の輸出管理が厳しくなり、米欧諸国からの原子力協力を得にくくなったが、オランダで高濃縮ウランの技術を習得中だったカーン博士の秘密活動によって、高濃縮ウランの製造に成功した。核兵器に必要な技術とコンポーネントの多くを密輸し、核兵器への製造能力を高めていった。1998年のインドの核実験のあと間もなく、国際社会の強い反対を押し切って核実験を強行し、核兵器を保有した。パキスタンはNPTとCTBTに加入していない。パキスタンの国内情勢は不安定で、アフガニスタンとの国境地域にアル・カーイダやタリバーンが潜伏しているといわれ、核兵器の安全管理に不安がある。

　これら3つの国はすでに核兵器を保有している点で核拡散国である。核兵器を保有した動機は様々であり、北朝鮮の場合は、米国に対する強力な抑止力の確保、独裁政権が生き残るための手段など、安全保障上の要因が強く働いている。インドの場合は、NPT体制で核兵器の保有が認められている五大国と肩を並べたいという大国願望や、NPT体制の不平等性に対する特別な感情などが背景にある。パキスタンには、インドの圧力には屈しないという信念が建国当初からあり、国家規模、国力、軍事力で優勢なインドが核保有した以上、自分たちも核を持つことは必然であるとしている。

　他にも、ウラン濃縮計画を進めるイランに核拡散の懸念が向けられてきた。イランの反体制派グループの告発により、イラン国内にIAEAに未申告の核施設があることが2002年に発覚した。イランはNPTの加盟国であるが、IAEAの査察に適切に協力せずにウラン濃縮計画を継続した。アフマディネジャド政権が対外強硬路線を打ち出したときは、核保有は時間の問題であると悲観された。国連安保理の非難決議の採択と国際社会から受けた経済制裁がイランの国内世論に影響を及ぼし、2013年に発足したロウハニ政権は米欧6ヵ国と核問題の協議を開始した。ウラン濃縮に使う遠心分離機の大幅削減や、製造する濃縮ウランを原子力発電用の濃縮度の低いものに限定することなど、イランの核開発を制限する内容の合意が2015年にまとまった。ただし、これでイランの核開発問題が終息するかどうかはまだ分からない。

第5章　核兵器の軍備管理

4．核兵器の軍備管理の課題

　核兵器の軍備管理に関する条約と制度は非常に多いため、それらの課題を逐一取り上げると膨大な分量になる。本節では、核兵器の軍備管理の全体像を把握する上で、著者が重視する枠組みと論点に限定して軍備管理の課題を概説する。

（1）核軍縮と核不拡散
　核兵器の軍備管理のテーマは、現存する核兵器（主として米ロ二国が保有するもの）を削減する核軍縮と、核兵器を新たに保有する国の登場を防止する核不拡散の二つに大別される。核軍縮の意味は多様であり、本章2で論じた米ロ間の戦略核規制交渉や核実験禁止などを指すこともあれば、地球上に現存するすべての核兵器の廃棄を求める国際NGOの動きなどを指す場合もある。5年に一度開催されるNPT再検討会議では、核兵器のドラスティックな削減を求める非同盟諸国と、漸進的で段階的なアプローチが適切と主張する核兵器国との間で、しばしば激しいやりとりが行われる。近年、スイス、南アフリカ、ニュージーランドなどの国々は、核兵器の非人道性をイシューとして取り上げ、核兵器の違法化と核兵器のない世界の実現を求める活動を展開している。
　核軍縮は今日も重要な課題であるが、最も深刻な核の脅威は核拡散であると考えられる。冷戦時代は東西間の大規模な核戦争のリスクが懸念されたが、米ソは軍備管理交渉を行って戦略的安定性を維持し、同盟国と友好国の行動をコントロールしていた。冷戦後に核兵器を保有した三国は、それぞれの事情と論理で動いており、米国や他の大国の影響力は限定的である。核拡散が起きた地域（北東アジア、南アジア、中東）の国家対立は厳しく、安全保障環境は流動的であり、軍備管理交渉も行われていない。不幸なことに、テロの脅威の拡大が、核拡散の脅威の拡大と連動している。国際政治の変化によって、核の脅威の性格が変化したことを重視する必要がある。核兵器の軍備管理は、核不拡散問題が最優先されるべき課題である。

101

（2）核拡散国への対応

　北朝鮮の核保有の動機は安全保障上の不安にあり、核兵器がなければ政権を維持できないという判断があると思われる。ソ連の崩壊だけでなく、親密な関係にあった東欧諸国の政権も次々と倒れたことで、北朝鮮は孤立感を深めた。ルーマニアのチャウシェスク、リビアのカダフィ、イラクのサダムなどの独裁者が失脚する歴史を、北朝鮮の指導者たちは目撃してきた。六者協議が続けられていたとき、米国は北朝鮮に軍事攻撃をしないことを約束して核放棄の約束を引き出したことがあるが（2005年9月の共同声明）、この約束は果たされなかった。核実験と弾道ミサイル実験を繰り返す北朝鮮に対して、国連安保理の非難決議や経済制裁が強化されるたびに、北朝鮮の軍事的挑発がさらにエスカレートするという悪循環が続いている。北朝鮮の暴発や難民の発生を警戒する中国が、北朝鮮に対する融和的政策をとり続けていることに国際批判が高まっている。核拡散国のなかで、北朝鮮の核問題が最重要であるが、解決の糸口が見つからない状態が継続している。

　インドが核実験を実施したとき、世界の国々は強く非難した。しかし、インドの国力（経済力と軍事力）が増大するなかで、国際社会における同国の存在感は確実に高まっている。米国もインドとの関係を重視し、NPTに未加盟のインドと原子力協力協定を結んだ。インドには核保有を見直す理由がない。インドは民主主義国であり、責任ある核不拡散政策を運用しようとしている点を評価し、世界の核不拡散体制を維持していくための国際努力にインドを参加させることが得策であると考える人がいる。一方、インドの核保有を黙認すれば、「核拡散は許されない」という国際規範が形骸化すると批判する人がいる。当面の課題として、インドに核実験を二度と行わせないことが重要である。北朝鮮と異なり、インドは1998年の核実験以降、核実験を行っていないが、包括的核実験禁止条約（CTBT）に署名していない。インドが核実験を再び行えば、パキスタンも同じ行動をとると思われる。インドとパキスタンの間の軍事的対立と緊張を緩和し、戦争の軍事的危機の発生を防止することは、当事国はもちろん、グローバルな核不拡散体制の維持にとっても重要である。

　インドが核兵器を保有し続ける限り、パキスタンが核兵器の放棄に向かうことは考えにくい。パキスタンに核政策の見直しを求めても、パキスタ

ンの人々の反発や疎外感を高めるだけで、好ましい方向に転換することは期待しがたい。それよりも、パキスタンの国内情勢の不安定とテロの脅威の拡大という現実の重大課題への対処が重要である。シビリアン・コントロールが定着しているインドと異なり、パキスタンは軍の権限が強く、国家の危機の際に軍が独断で行動する可能性がある。オサマ・ビンラディンは、パキスタン国内にある軍の施設に隣接する地域に潜伏していた。核兵器や核物質の安全管理にも不安があり、パキスタンの安定化に向けた国際社会の協力が必要である。

（3）新たな核拡散国の登場の防止

　イランの核問題の再現防止が重要課題である。軍備管理交渉を通じて規制の枠組みはできたが、核開発疑惑が浮上してから核合意が成立するまで、イランが見せたウラン濃縮計画への執着は尋常ではない。国際社会の圧力に強く抵抗し、国際原子力機関（IAEA）の査察に非協力的であったという事実がある。イランとイスラエルの対立状況に大きな変化はなく、イランには核兵器を保有する動機が存在する。弾道ミサイルの開発を続けていることも懸念材料の一つである。

　イランのほかには、新たな核拡散国になりそうな国は今のところ見当たらないが、原子力発電を行っている国と核技術を持つ国の動向には常に注意する必要がある。また、原子力技術の先進国は、核保有の意図があると疑われないように、言動を慎重に選んでいくべきである。核不拡散体制の不平等性への不満から、あるいは核兵器を保有する国を牽制する目的で、「その気になれば我が国も核兵器を持てる」というような発言を行うことは、発言の意図が誤解されたり、対立する国から付け込まれる可能性があり、百害あっても一利ないと思われる。

　特権的地位にある核兵器国は、核兵器に関する言動には特に慎重な配慮が必要である。ロシアのプーチン大統領は、クリミア併合をめぐる国営テレビ番組（2015年3月に放送）で、「ロシアは核兵器を使う準備をしていたか」との質問に「その用意はあった」と返答し、世界中に伝えられて物議をかもした。プーチンは、「それは最悪のシナリオになった場合の話であり、世界的な紛争に発展させることはだれも望んでいなかった」と釈明したが、NPT体制の不平等性に反発する人々の神経を逆なでするだけでな

く、「核兵器を持っていれば、このような強い姿勢を打ち出せる」という考えを惹起しかねない、不用意な発言であった。

（4）核テロの脅威への対応
　NPTを中心にして形成された核不拡散体制は、国家の開発を防ぐことを念頭において作られた制度であり、国家の枠組みから外れて行動するテロリストの核保有はほとんど想定されていなかった。「新しい戦争」で核兵器が使用されるリスクへの対処が、核兵器の軍備管理の重要テーマとして浮上している。グローバリゼーションによる技術の拡散と、テロの脅威の拡大が結びつき、核テロのリスクが高まった。国家を単位とした従来の政策では、核テロの脅威に効果的に対応できない。

　核テロのシナリオとしては、テロリストが完成品の核兵器を入手して使用する、入手した核物質で自ら核兵器を製造する、原子力発電所を攻撃して放射能被害を与えるなど、様々なものが考えられる。米国の国防専門家たちは、「汚い爆弾」を使ったテロを特に警戒している。セシウム137やコバルト60などの放射性物質を、通常爆薬を使って大気中に散布すれば、攻撃を受けた都市と市民は放射能の影響で大被害を受ける。民間の病院や研究施設に保管されている放射性物質を使えば、「汚い爆弾」の製造は可能である。

　核テロを防ぐために、世界各国が自国に存在する核物質と核技術の管理を徹底させ、テロリストに入手させないことが肝要であり、国家間の情報共有と国際協力が必要になる。米国の主導で開催されるようになった「核安全保障サミット」は、このような取り組みの一歩である。核テロ防止に向けた様々な措置のなかで、テロリストの動向を把握するインテリジェンス活動の役割が重要度を増している。各国のインテリジェンス機関は基本的に国家の枠組みの中で活動してきたが、核テロ対策の効果を高める新しいアプローチが求められる。

（5）軍備管理と安全保障政策の両立
　軍備管理は安全保障政策の一つであり、核兵器の軍備管理は国家の安全保障にプラスになるものでなければならない。冷戦時代、米国と同盟関係にある国は、米国の核抑止力に依存する安全保障政策を採用してきた

第5章　核兵器の軍備管理

(「核拡大抑止力」あるいは「核の傘」と呼ばれる)。核の脅威に対して核報復の威嚇で対応することは、核戦争のリスクを強調することになるが、それに代わる手段がなかったため、核抑止論に立脚した国防政策がとられ続けた。

　東西対立は冷戦の終結によって解消したが、北東アジアでは北朝鮮が核兵器を保有し、外交・防衛政策上の目的を意識して核兵器の能力を公然と強調している。核兵器を持たない日本と韓国は、北朝鮮の核の脅威に対して、米国の「核の傘」に依存する政策をとっている。「核の傘」には様々な批判があるが、それに代わる現実的な方法は見当たらない。日本や韓国のように、米国と同盟関係にある非核国家が取り組む核兵器の軍備管理は、「核の傘」の信頼性という安全保障政策上の要請に配慮したものでなければならないと思われる。

　核兵器の軍備管理と安全保障政策の両立は、化学兵器や生物兵器の場合と比べて複雑な文脈のなかに置かれている。化学兵器禁止条約（CWC）と生物兵器禁止条約（BWC）では、すべての締約国の平等が原則とされ、CWCでは化学兵器の全廃が、BWCでは生物兵器の全廃が加盟国の義務とされている。化学・生物兵器の開発・保有を公然と認める国はなく、疑いが向けられている国の数もさほど多くはない。化学・生物兵器の廃棄を徹底させ、それを確実に検証していくことが軍備管理の課題である。

　安全保障政策上の課題として、「ある国が化学・生物兵器を使いそうなときに、それを止めさせるために核兵器使用の威嚇をかけて止めさせるべきか」という議論がある。湾岸戦争の際、イラクの化学兵器使用を警戒した米国は、核兵器の使用を示唆してサダム・フセインを牽制したといわれる。冷戦中はソ連が大量の化学兵器を保有し、化学戦の可能性を含めた軍事ドクトリンを採用していたため、米国は有事の際にソ連に化学兵器の使用を思いとどまらせるために、化学兵器による報復攻撃能力を維持していた。冷戦後は、湾岸戦争のような地域紛争において、米国などの軍事介入を牽制する目的で、途上国が化学兵器を利用する可能性がある。

　化学・生物兵器の使用抑止の場合は、破壊力と威嚇力がより大きい核兵器の威嚇効果を利用することに一定の合理性がある。それでは核兵器の使用抑止の方法はあるのだろうか。核兵器の使用抑止は、核兵器による報復のほかには見当たらない。これが40年の長きにわたって続いた冷戦の現実

であった。今日の国際社会においてもこの現実は変わっていないと考えられる。このように、核兵器の軍備管理と安全保障政策の両立というテーマは、究極の抑止力としての核兵器の役割をどのように考えるかという、複雑で微妙な要素を含んでいる。

＊1 核兵器の規制に関する軍備管理条約と制度の数は、他の分野の軍備管理と比べて非常に多く、それらを他の軍備管理と同じ密度で取り上げると、本章は他の章の数倍の量に達する。軍備管理の全体像を描くという本書の目的に鑑み、核兵器の軍備管理に関しては、かなり圧縮してまとめた。
＊2 米ソは1974年7月に地下核実験制限条約（TTBT）、1976年5月に平和目的核爆発条約（PNET）に署名し、PTBT で許された地下核実験の範囲の縮小に取り組んだ。
＊3 FMCT は、核弾頭の原料となる高濃縮ウランやプルトニウムの生産を全面的に禁止することを内容とする条約である。CTBT とともに、NPT 体制を補強する役割が期待されているが、軍縮会議（CD）における交渉は進んでいない。
＊4 2014年9月現在、米国、中国、エジプト、インド、イラン、パキスタン、イスラエル、北朝鮮の8ヵ国が未批准。インド、パキスタン、北朝鮮は署名もしていない。
＊5 未臨界核実験とは、プルトニウムなどの核物質に高性能の火薬などを爆発させて高い圧力をかけ、その時の変化や動きを観察する実験。核物質が連鎖反応を起こして爆発する状態（臨界）の手前の状態で止めるため、通常の核実験とは異なり、環境汚染もないとされる。ロシアも同様の実験をしている。
＊6 核活動の凍結と引き換えに、北朝鮮は軽水炉の提供を受けることと、それが完成されるまでの間、毎年50万トンの重油の供給を受けることが約束された。北朝鮮、インド、パキスタン、イランの核問題については、拙著『核拡散の論理—主権と国益をめぐる国家の攻防』勁草書房、2010年を参照。

第6章
化学兵器の軍備管理

　化学兵器は第一次世界大戦中に大量に使用され、悲惨な結果をもたらした。冷戦中の地域紛争、冷戦後の地下鉄サリン事件、近年のシリア内戦など、化学兵器は実際に使用されて被害を出している。冷戦後に成立した化学兵器禁止条約（CWC）によって、化学兵器の脅威はどこまで削減されるだろうか。テロと内戦が繰り返される今日、化学兵器の軍備管理はどのような課題に直面しているのか。

1．化学兵器の脅威

(1) 化学兵器とは何か
　化学兵器の材料となる化学剤は、古代の戦争で使われた。紀元前のペロポネソス戦争では、城に立て籠もったアテネ軍に対してスパルタ軍が硫黄や松脂などを燃やして亜硫酸ガスを発生させたといわれる。化学兵器の大量生産が可能になったのは、有機化学工業が発達した19世紀以降のことである。第一次世界大戦中にドイツ軍がベルギーで塩素ガスを使用し、無防備だったフランス軍を大混乱と恐怖に陥れた。英国とフランスも大量の化学兵器を急いで製造して報復したため、双方に膨大な死傷者が出た（死者は10万人、負傷者は100万人を超えた）。化学兵器は人類最初の大量破壊兵器である。
　むごたらしい死と後遺症（失明など）をもたらした化学兵器は、非人道的な兵器とみなされ、化学兵器の使用を禁止すべきであるという国際世論が高まった。ヨーロッパ諸国を中心にした協議の結果、1925年にジュネーヴ議定書が締結された（1928年に発効）。生物兵器は第一次大戦中に使用されなかったが、細菌学の発達により生物剤の軍事利用の可能性も生まれたと判断され、議定書は生物兵器の使用も禁止した。議定書の前文には、

「諸国の良心及び行動をひとしく拘束する国際法の一部として広く受諾される」と記載され、化学兵器や生物兵器を戦争で使用することの非人道性が強調された。しかし、将来の戦争で相手国が使ったときは報復の必要があるという考えから、化学兵器の開発と保有は禁止されなかった。ジュネーヴ議定書は大量破壊兵器を規制した最初の国際合意であり、今日も有効である。

化学兵器の開発はその後も続けられ、第二次世界大戦が始まったときは、化学兵器が再び使用されるのではないかと予想されたが、ドイツは大量（78,000トン）の化学兵器を製造・保有していながら使用しなかった。ヒトラーが化学兵器を忌み嫌っていたこと（第一次大戦中にヒトラーは化学兵器攻撃を受けて視力を失いかけた）、ドイツが電撃戦で勝利している間は化学兵器を使用する機会がなかったことなどが原因であるといわれている*1。

化学兵器は、化学剤を散布することによって、人体あるいは動植物に激しい機能損傷をもたらす兵器である（動植物に対する化学兵器の使用例は少ない。ベトナム戦争中に米軍が使った枯葉剤は化学剤を利用したものである）。化学兵器に使われる化学剤は人工的に作られる。化学兵器は、人体にもたらす作用の特徴から4つに分類されることが多い。神経剤が肺や皮膚から人体に入り込むと、神経システムが破壊され、被害者は全身を激しく震わせて意識を失う。神経剤は致死性が高く、化学兵器の中で最も恐れられている。タブン、サリン、ソマン、VXなどが神経剤に含まれる。タブン、サリン、ソマンはドイツが、VXは英国と米国が開発した。

びらん剤は、皮膚の表面に火傷や水ぶくれのようなびらんをもたらす。致死性は低いが、激しい苦痛をもたらし、精神的効果も大きい。マスタード剤、ルイサイト、ホスゲンオキシムなどが含まれる。窒息剤が肺から吸い込まれると呼吸困難になり、皮膚にも異変が現れる。大量に暴露されると死に至る。塩素ガス、ホスゲン、ジホスゲン、アンモニア、クロロピクリンが含まれる。血液剤が吸い込まれると、血液中の酸素の運搬能力が低下して呼吸障害が起き、全身けいれんや昏睡状態に陥る。代表例はシアン化水素（青酸）である。今日、化学兵器に使われ得る化学剤は70種類くらいあるといわれている。化学兵器の多くは、第二次世界大戦が終わるまでに開発されたものである。

米国議会調査局（OTA）が1993年に公表した報告書では、致死性が最大

第 6 章　化学兵器の軍備管理

の VX でも100平方キロ内にいる人の50％を殺すには数トンが必要になると試算された。核兵器に比べれば化学兵器の殺戮力は小さく、建造物の物理的な破壊は起こらないが、攻撃による汚染を洗浄する必要がある。化学兵器は人間に恐怖を与える。湾岸戦争への準備期間中、イラクとの化学戦に備えて防護の訓練をしていた米軍兵士たちの中に、神経ガスに対する恐怖で精神を病む人が出た。化学兵器の効果は、攻撃対象が密集しているほど高く、分散していれば効果は小さい。気象条件（雨や気温）から影響を受け、効果に不確実性がある。ガスマスクなどの防護措置の装着により殺傷効果をかなり減殺できるが、兵士の行動は制約を受ける。

　化学兵器の製造に必要なものは、材料となる化学剤、攪拌タンク、反応タンク、蒸留装置、排気装置などである。これらは民生用の医薬品、化粧品、農薬、染料などの製造でも使われ、軍事利用と民生利用の識別が難しい。核兵器と生物兵器もデュアル・ユース性があるが、化学兵器の場合は民生品の種類が多く、様々な日用品が含まれている。マスタードガスは、ボールペンのインクの溶媒（チオジグリコール）を使えば比較的簡単に製造できる。製造技術が高度とされるサリンも、半導体、医薬品、歯磨き粉などの製造に使われる材料で製造可能である（オウム真理教は自らの施設でサリンを製造した）。

　製造に必要なタンクや排気装置を配置するには一定のスペースが必要であり、生物兵器のように狭い密室での製造は難しいが、核兵器の製造に比べれば施設、材料、費用がずっと小さい。このため経済力が小さい国でも作れる「貧者の核兵器」と呼ばれてきた。しかし、冷戦後に核兵器を保有した国（北朝鮮、インド、パキスタン）は豊かな国ではない。「核兵器は金持ちの先進国が、化学兵器は貧しい国が作る」というイメージは、国際社会の実態とは異なる。また、化学兵器が核兵器と同等の破壊力を持っているという誤った印象を与える点でも、この言葉は適切でないと考えられる。

　第一次大戦中のドイツ軍は、塩素ガスを詰めたボンベを戦場に並べ、容器を開いて敵軍に向けて散布した。風に乗って放射された毒ガスの効果は、気象条件に左右された。航空機やヘリコプターから投下された化学兵器も地表の気象条件に左右される。湾岸戦争前、化学兵器を搭載した弾道ミサイルをイラクが発射する可能性が懸念された。化学剤は高温の環境下で劣化し、弾道ミサイルが大気圏に再突入あるいは地表に落ちたときの衝撃で

109

効果が減殺されることがある。巡航ミサイルや砲弾も化学兵器の運搬手段になり得る。テロリストは、大型スプレーなどを使って劇場や地下鉄の駅のような場所にいる人々をターゲットに選ぶかもしれない。

（２）冷戦と米ソの化学兵器計画

　冷戦中に核戦争が起こる危険性があったことは広く知られているが、化学兵器の使用によって大規模な殺戮が起こるリスクもあった。ソ連の軍事ドクトリンでは、北大西洋条約機構（NATO）とワルシャワ条約機構軍がヨーロッパ正面で衝突したときは、化学兵器を早期に大量使用することが計画されていた。ソ連は、第二次大戦末にドイツに攻め込んだときに同国の化学兵器施設から大量のデータを入手し、冷戦初期から大規模な化学兵器開発を進めていた。世界最大の化学兵器を保有したソ連は、化学戦能力において米国を凌駕していた。ソ連は東欧諸国や北朝鮮の化学兵器開発も支援していた。

　米国も化学兵器の開発を推進したが、核抑止力が国防政策の支柱とされ、化学兵器の位置づけは曖昧であった。ソ連による化学兵器の使用を抑止するためには、米国も化学兵器による報復力を維持する必要があるとして、一定量の化学兵器を保持していた*2。米国政府は化学兵器を先行使用しないとし、ジュネーヴ議定書の批准を先送りしていた。どのような化学兵器を持つべきか、化学兵器の規制は如何にあるべきかに関して、明確なポリシーはなかったという*3。ニクソン政権が生物兵器計画の中止を決めたとき、化学兵器の開発計画も縮小された。米国は1975年にジュネーヴ議定書を批准したが、化学兵器計画が消滅することはなかった。冷戦が終わったとき、米国はソ連に次ぐ世界第二位の化学兵器大国であった。両国が蓄積した膨大な化学兵器は「負の遺産」として残された。

（３）冷戦中の地域紛争と化学兵器

　冷戦中に起きたいくつかの地域紛争で、化学兵器が使用されたといわれている。米国 CIA の報告書によれば、ソ連の技術支援を受けた北ベトナム軍とラオス軍は、1970年代後半に国内の反政府勢力に対して、暴動鎮圧剤や神経ガスを使用した*4。ソ連とその同盟国が、ラオス、カンボジア、アフガニスタンで反政府勢力に対して化学兵器を使用した疑いがある（攻

撃された難民が、「空から黄色い雨が降ってきた」と表現したことから、「黄色い雨」事件と呼ばれた)。ソ連がアフガニスタンでムジャヒディンに対して化学兵器を使用したという報告もある*5。イラク・イラク戦争（1980〜1988年）中、サダム・フセインはバスラ北方での戦闘中に大量の化学兵器を使用した。国連が派遣した調査団によれば、イペリットとタブンの使用により2,000人の死者が出た。イラク国内のクルド人勢力に対しても化学兵器が使用された。

（4）湾岸戦争、冷戦後のテロと内戦

　クウェートを武力で侵略したイラクの撤退を目的として、米軍を中心とする多国籍軍は1991年1月に空爆を開始したが、イラク軍が保有する化学兵器と弾道ミサイルの脅威に直面した。米国は、イラクがマスタード・ガス、タブン、サリンを保有し、ソマンやVXなども開発中であると分析した*6。しかし、当時の化学防護隊の責任者によれば、冷戦の終結を受けて米軍の化学防護部隊は縮小され、防毒マスク、防護服、除染装備、解毒剤のすべてが不足し、装備や器具を適切に使いこなす訓練もきわめて不十分であった*7。実際にはイラクの化学兵器は使われなかったが、大量破壊兵器（化学兵器）と弾道ミサイルの脅威がクローズアップされ、米国の国防政策と軍備管理政策に影響を及ぼした。

　化学兵器は冷戦後に起きたテロでも使われた。1995年、オウム真理教教団は自ら製造したサリンを東京の地下鉄内で使用し、多数の犠牲者を出した。世界で初めての化学テロが日本で起こり、世界に衝撃を与えた。イラクでは化学兵器を使ったテロが2007年に相次いで発生した。2014年にはイラク政府は、「イスラム国」が国内のイラク兵士に対して塩素ガスを使ったとする報告を、化学兵器禁止機関（OPCW）に対して行っている。2015年にパリでテロが起きたとき、フランスのバルス首相は、「イスラム国」が生物・化学兵器を使用する危険性について議会で警告した。

　化学兵器の脅威は内戦中のリビアでも浮上した。リビアは化学兵器禁止条約（CWC）に署名しなかったため、以前から化学兵器を開発保有していると見られていた。その後リビアは政策を転換し、2003年に化学兵器の放棄を宣言してから、国内の化学兵器の廃棄が進められていたが、反政府デモが2011年に起きた時にはまだ相当数の化学兵器が残っていた。カダフィ

大佐が、「あらゆる手段を使う用意がある」と述べて反政府勢力を牽制したため、化学兵器の使用が懸念されたが、カダフィ政権は崩壊し、リビア内戦中に化学兵器は使用されなかった。

　シリアもCWCに署名しなかったため、化学兵器の開発が行われていると見られていた。シリアは、ソ連とエジプトから化学兵器技術の支援を受け、西ヨーロッパの企業から輸入した材料や資機材を使って化学兵器を製造していた。2011年に反政府勢力とシリア国軍の間に武力衝突が発生し、国内は大混乱に陥った（死者は10万人を超えた）。化学兵器禁止機関（OPCW）の調査団によって、一般市民に対して化学兵器が使用されたことが確認された。世界の軍事専門家は、アサド政権が化学兵器を使用したと見ている。オバマ政権は、化学兵器の使用は「越えてはならない一線」と警告していたが、ロシアの介入もあって米国の軍事攻撃は行われなかった。

（5）化学兵器の脅威をどう見るか

　今までもっとも頻繁に使用され、最大の死傷者を出した大量破壊兵器は化学兵器である。その理由の一つは、化学兵器の製造が容易なことである。製造技術は第二次大戦末の時点で確立しており、製造に必要な材料の入手も容易である。民生用品を利用して、目立たぬ形で化学兵器を製造し、保管できる。国家が実際に化学兵器を使用するかどうかは、指導者の判断による。サダム・フセインはイランと国内クルド人に対しては躊躇なく使用したが、湾岸戦争を実行した多国籍軍に対しては使わなかった。

　化学兵器は国家間の戦争、内戦、テロなどで使われてきた。化学兵器の脅威を受ける国の軍隊は、化学兵器に関する知識や防護装備など、化学戦に対処する能力を持つ必要がある。十分な対処能力を持てば、化学兵器攻撃を受けても、その効果を減殺できる。化学兵器の非人道性に対する認識は定着しており、化学兵器を使用した国は、国際規範を破ったとして国際社会から孤立する。ある国家が公然と、あるいは秘密裡に化学兵器を保有していたとしても、外国との軍事衝突の際にそれを実戦使用する可能性は小さいと考えられる。しかし、通常の手段では対抗しきれないところまで追い込まれたら、「隠し玉」を取り出すような形で、「化学兵器を使うぞ」と威嚇して抵抗する可能性はある。

　最も注意すべきは化学テロのリスクである。オウム真理教は核兵器、化

学兵器、生物兵器の入手をすべて試みたが、製造に成功して使用したのは化学兵器だけであった。テロの多くは、一般市民に苦痛と恐怖を与えることが目的である。一般市民は化学兵器攻撃に対して無防備であり、化学テロの効果は絶大である。

2．化学兵器禁止条約（CWC）

化学兵器の使用禁止を定めたジュネーヴ議定書の成立は第一次世界大戦後であったが、開発や保有までを全面禁止する条約が成立したのは冷戦後であった。大量破壊兵器の規制条約のなかで、成立時期は最も遅かったが、核不拡散条約（NPT）や生物兵器禁止条約（BWC）と比べて、化学兵器禁止条約（CWC）は軍備管理条約としての欠点が少ない。

（1）条約の成立

化学兵器の国際規制の起源は、非人道的兵器の禁止（セント・ピータースブルグ宣言）や毒ガスの使用禁止（第1回ハーグ国際会議）など19世紀末のヨーロッパ諸国の取り組みに遡る。第一次大戦後にジュネーヴ議定書で使用禁止が採択された後は、規制を強化する目立った動きは見られなかった。冷戦中は米ソを筆頭に、英国、ドイツ、イタリアなどが化学兵器の開発を続けた。米国のカーター政権が化学兵器を禁止する条約作りを模索したことがあるが、米ソ対立に阻まれて進展しなかった。

イラン・イラク戦争中にイラクが使用した化学兵器の材料が、ドイツの民間企業などから輸入した民生品であったことが反省材料になり、化学兵器の拡散を防止する条約作りの動きが出てくる。ゴルバチョフ大統領が登場してから、ソ連は軍備管理に前向きに対応するようになり、ジュネーヴ軍縮会議（CD）における協議と米ソ二国間の協議が並行して始まった。米ソ首脳は1989年に化学兵器の廃棄と検証に関する覚書に署名し、CD の場でも協議が進展した。湾岸戦争でイラクの化学兵器の脅威がクローズアップされたことで、条約作りの作業が加速された。CWC は CD で1992年に採択され、93年1月にパリで署名された。条約で規定された65ヵ国の批准が済んだ1997年に発効した。

（２）条約の内容

　化学兵器禁止条約（CWC）では、化学兵器の開発、生産、取得、貯蔵、保有、移転、使用がすべて禁止された。生産だけでなく開発まで一律に禁止されたことは、国家の軍備として化学兵器を持つことは許されないという条約の精神を表している。化学兵器の輸入は禁止され、輸入した民生品を使って化学兵器を製造することも許されない。化学兵器を保有している国はそれをすべて廃棄する義務を負わされた。他国に化学兵器と関連機材を輸出してはならず、製造方法を教えてもいけない。化学兵器から一切縁を切り、地球上から化学兵器と化学兵器の脅威を消滅させることが条約の目的である。

　条約が成立した当時、世界の大半の国は化学兵器を保有していなかった。化学兵器を保有していた国は国内の化学兵器とその生産施設を申告することが求められ、原則として条約発効後10年以内に廃棄（破壊）する義務が負わされた。老朽化して化学兵器として役に立たなくなったものも、廃棄が義務付けられた。

　CWC では、化学兵器に使われる化学剤と前駆物質（化学兵器が完成する前段階の中間生産物）の開発から保有まで禁止され、それらが附属書のなかでリストアップされた。リストに記載されていない化学兵器が将来新たに開発された場合も、条約の禁止対象である。化学兵器の種類は非常に多いため、完成した化学兵器の毒性の強さ、製造の難易度、民生用途の広さなどを基準にして、3つの分類が設けられた。

　表1剤は、化学兵器として開発、生産、貯蔵、使用されたことのある化学物質で、民生用途が狭いものである。毒性化学物質としてサリン、ソマン、タブン、VX など12種類、その前駆物質としてクロロサリン、クロロソマンなどが記載されている。表2剤は、表1剤の主要原材料となるものであり、今後化学兵器として使用される可能性がある毒性の高い物質である。毒性化学物質としてアミトン、BZ など14種類とその前駆物質が記載されている。表3剤は、化学兵器の製造にも使用できるが、民生用品としての用途が広いもので、ホスゲン、シアン化水素など17種類とその前駆物質である。

　国家が過去に他の締約国の領域内に遺棄した化学兵器に関しても、廃棄の義務が規定された。太平洋戦争中、日本軍は中国各地にイペリットなど

第6章　化学兵器の軍備管理

の毒ガス兵器を捨てた。日本政府は中国側と協議を行い、遺棄した化学兵器の全廃に取り組むことになった。

　条約成立時に化学兵器を保有していなかった国は、自国の化学関連施設で化学兵器の製造が行われていないことを確認する検証に協力することが義務付けられた。検証を行う常設の機関として、化学兵器禁止機関（OPCW）がハーグに設置された。査察を担当する技術事務局の職員は条約加盟国の中から OPCW によって採用され、国際公務員として行動する。彼らは被査察国とコンタクトし、締約国の申告内容の確認、締約国の化学兵器に関連する施設の現地査察などを通じて、条約の遵守を確認する。査察の結果の報告は、技術事務局長を通じて執行理事会に報告される。OPCW は内戦中のシリアで困難な化学兵器の廃棄作業に取り組んだことが高く評価され、2013年にノーベル平和賞を授与された。

　OPCW の査察の内容と範囲は、化学兵器の分類により異なる。大量に存在する化学兵器の関連施設を一つ残さず査察することは不可能であるため、軍事転用の不存在を判断できる合理的なデータが得られれば十分であるとされている。化学剤の危険度の違いや、査察団と企業の負担にも配慮して、化学剤の生産量、申告、査察に関して閾値が設けられており、一定の生産量以下のものは申告・査察の対象から外される。最も危険とされる表1剤の化学物質については、微少な量でも年次報告される（閾値は100グラム）。表2剤の化学物質は一般的には民生用とみなされるもので、表1剤より閾値が大きい。表3剤の化学物質は、産業用に世界中で大量に生産されており、閾値はさらに大きい。

　化学剤がデュアル・ユースであることから、OPCW の現地査察は、国家機関だけでなく化学兵器の製造能力を持つ民間企業も対象となる。条約締約国の企業は、化学兵器の製造に使える化学物質の生産実績を自国の政府に毎年申告し、政府が OPCW に伝える。OPCW は申告が適正に行われたことを確認する（ルーティン査察という）。OPCW の査察官は化学の専門知識を持っているため、企業秘密の保護に配慮して現地査察に関する詳細な規定が設けられた。ある国が条約に違反している疑いが生じたときに、OPCW は違反の事実の有無を確認するために特別な査察を行うことができる（チャレンジ査察という）。チャレンジ査察は、条約の加盟国が要請することもできる。査察団は疑惑国の施設に出向き、検査、写真撮影、サン

プル採取・分析などを行う権限を持つが、査察を受ける国や企業の権利を守るための詳細な規定が定められている。

　加盟国の権利に関するCWCの規定は、20年前に成立した生物兵器禁止条約の規定と似通っている。化学剤の軍事利用は一切禁じられたが、非軍事的な目的の活動を行うことは加盟国の権利として認められた。経済的発展と技術的発展を支える趣旨の規定（第11条）があり、加盟国は、「単独で又は共同して、化学物質を研究し、開発し、生産し、取得し、保有し、移譲し及び使用する権利を有する」と定められている。軍事利用を全面禁止した第1条をそのまま裏返した表現は、化学技術のデュアル・ユース性の反映であり、権利と義務が表裏一体であることを示している。非軍事目的の化学製品の開発と利用であれば、専門技術と情報を外国と共有することも認められる。ただし、危険度が高い表1剤の物質は条約の非締約国への輸出が禁止されるだけでなく、締約国に対する輸出に関しても目的が研究、医療、製薬、防護に限定されている（「化学物質に関する附属書」に規定がある）。

（3）条約の意義と問題点

　化学兵器は人類最初の大量破壊兵器であり、CWCがもっと早く成立し、履行されていれば、米ソが大規模な化学兵器を蓄積することもなく、地域紛争で化学兵器が使われなかったかもしれない。CWCが成立した後、国家間の地域紛争で化学兵器が使用されたことは一度もなく、その点ではCWCのパフォーマンスは良い。

　CWCは軍備管理論の考え方（安全保障に必要な軍備は維持される）に基づいて協議されたが、開発から保有まですべての段階の化学兵器の関連活動が全面禁止された点で、軍縮論者をも満足させる内容になっている。核不拡散条約（NPT）のような差別性がない点でも、条約を批判する理由はない。CWCで定められた検証規定は詳細かつ厳格なものであり、条約違反の疑惑に対するチャレンジ査察を決めたことに対して、軍備管理問題の専門家の評価が高い。国際機関の現地査察が、民生品を開発製造する企業に対してまで行われることは、軍備管理の歴史において画期的である。

　しかし、条約の規定がいかに整備されていても、条約の目的である化学兵器の脅威削減が本当に達成されるかは別の問題である。化学兵器の技術

第6章　化学兵器の軍備管理

がデュアル・ユースであることから、他の軍備管理条約と同様に、民生利用を通じた化学兵器の脅威の残存や拡散という、内在的なリスクを抱えている。加盟国が条約を遵守しようとしても、国家の規制の目を潜り抜けて、テロリストが化学兵器を製造する可能性がある点でも、他の軍備管理条約と共通の問題がある。

（4）化学兵器の輸出管理措置

　核兵器に転用され得る材料と技術の輸出管理措置は、NPT の成立後に行われたインドの核実験（1974年）が契機となって作られたが、化学兵器に転用され得る材料と技術のための輸出管理は CWC が成立する前から開始された。きっかけはイラン・イラク戦争中の化学兵器の使用であり、化学兵器の不拡散のための輸出管理のための国際協力の制度をオーストラリアが提案した。ブリュッセルで1985年に開催された初会合が定例化し、「オーストラリア・グループ」（AG）と呼ばれるようになった。

　AG は参加国の自由意思に基づく非公式な制度として運用されており、情報交換と政策協調が行われている。化学兵器に転用可能な汎用品と技術のリストが作成され、参加国は国内法令に基づき輸出管理を実施している。年に一度、主にパリで総会が開催されている。1991年に生物兵器に関連する汎用設備のリストの追加が合意された。

　AG に参加する国家には、化学兵器と生物兵器の不拡散に努力することの約束、規制対象とされる民生品の製造・輸出の実績があること（つまり化学産業が発達していること）、国内の輸出管理制度が整備されていることなど、一定の資格要件が求められる。それらをクリアーした上で、すべてのメンバー国の承認を得てメンバー国となる。設立当時は西欧諸国や日本など技術先進国の集まりであったが、冷戦後は旧東欧諸国（ブルガリア、チェコ、ハンガリー）、ウクライナ、アルゼンチンなどが参加してメンバー国は40を超えた。しかし、ロシアと中国が参加しておらず、開発途上諸国の多くもメンバーになっていない。不参加国は、AG の制度を閉鎖的で差別的な取り組みとみなしており、国際社会全体で認められた制度とはいえない。

3．化学兵器の軍備管理の課題

　化学兵器禁止条約（CWC）は、署名のために開放されてから2年以内に154ヵ国が加盟し、その後も数が増えて、現在の締約国は190ヵ国を超えている。化学兵器の廃棄と不拡散は国際社会のルールとして定着したといえるが、条約にまだ加盟していない国がいくつかある。冷戦後に頻発する内戦とテロの脅威の拡大が、化学兵器の軍備管理の課題を増幅させている。

（1）化学兵器禁止条約（CWC）の強化

　条約が署名された1993年の時点で、化学兵器を保有あるいは開発中と見られた国は20ヵ国くらいあった*8。米国、ロシア、インド、韓国は条約に加盟した後で保有量を申告した。米ロが保有していた化学兵器の数は、1997年に条約が発効した時点で、世界の化学兵器の95％に相当していた*9。4万トンもの化学兵器を保有していたロシアは、財政不足のため処理工場の建設が大幅に遅れた。廃棄期限が二度も延期され、主要国首脳会議（サミット）を通じた国際的な資金支援を受けて、2012年に3分の2まで廃棄された。米国が保有していた3万トンの化学兵器も、処理施設の建設地での反対運動などで実施が遅延し、条約で定められた期限を守れなかったが、新たに設定された期限（2012年）までに90％近くまで廃棄された。

　インドはCWCを批准したときに、化学兵器を保有していることを初めて認め、OPCWに申告した。アルバニアは、倉庫に放棄されていた化学兵器を「偶然発見した」と2002年に報告した。インドとアルバニアの保有数は少なく、廃棄は既に完了したと伝えられる。リビアは2004年に、イラクは2009年に条約に加盟して申告を行った。

　OPCWの査察は概ね順調に行われてきた。化学兵器を保有する国に対しては、生産施設、破壊施設、貯蔵施設が対象とされ、非保有国に対しては産業施設の申告内容の正確さが確認されてきた。チャレンジ査察はこれまで一度も実施されていないが、条約加盟国の違反の疑いが全く浮上しなかったわけではない。トルコが国内のクルド人に対して化学兵器を使用した可能性があると、マス・メディアで伝えられている。

　条約の運用状況に関して加盟国が協議する会議が5年に一度開催されて

第6章　化学兵器の軍備管理

いるが、協議はおおむね順調に進められている。2013年に行われた3回目の運用検討会議では、シリアの内戦で化学兵器を使用した責任者（アサド政権が実行したという疑いが濃厚）に関する表現をめぐる議論はあったが、CWC の重要性が再確認され、化学兵器の全面禁止に向けた国際努力を約束する政治宣言の採択にコンセンサスが得られた。核兵器国と非核兵器国が激しく言い争う核不拡散条約（NPT）の運用検討会議に比べると、CWC の運用検討会議の雰囲気は落ち着いている。CWC の参加国の間では国際規範は維持されていると見られる。

　CWC 加盟国は、条約の実効性を高めるため国内の法制度を整備する義務があるが、加盟国の取り組みがどこまで適切に行われているかについて不安がある。日本は1995年に「化学兵器の禁止及び特定物質の規制等に関する法律」を制定し、CWC の規定を着実に履行しているが、第3回運用検討会議では、必要な法制度の整備が遅れている国がまだ相当数あると報告された。不拡散のための輸出管理、国内の危険な非国家主体に対する監視と取り締まり、危険な化学物質の把握と管理など、加盟国が取り組むべき業務は多い。条約で定められた諸事項を、すべての加盟国が誠実かつ厳密に実行しなければ、抜け穴が生まれる。

　CWC では、加盟国の国内で起きた暴動を終息させる目的の暴動鎮圧剤の使用は禁止されなかった。CWC の成立過程では、暴徒の身体機能を一時的に麻痺させる催涙ガスの類のものが想定されていた。2002年に起きたモスクワ劇場占拠事件（武装勢力がモスクワにある劇場に乱入し、観客を人質に取ってロシア軍のチェチェン共和国からの撤退を要求した）で、ロシアの警察は「無力化ガス」と称する化学剤を使用し、犯人と人質を含め百人を超える死者が出た。暴動鎮圧剤の使用は今後もあり得ることであり、CWCによる規制との関係という問題がある。米国では対テロ作戦用の新兵器として様々な非致死性兵器が開発されているが、この兵器に使用される化学剤と化学兵器との境界線が議論されることもある。

　化学兵器の種類は現存するものだけでも非常に多いが、化学研究の発達によって新しいタイプの化学兵器の製造が可能になる。新種の化学兵器が使われた場合、従来の治療や防護の措置では適切に対処できない可能性がある。CWC では将来登場する化学兵器も禁止対象とされているが、今後の化学の発展が化学兵器の軍備管理に及ぼす影響についても考えていかな

ければならない。

（２）化学兵器禁止条約（CWC）の未加盟国

　化学兵器禁止条約（CWC）には、NPT のような不平等性が存在しないにもかかわらず、条約への参加を拒否し続けている国がいくつかある。核兵器の開発・保有は核実験というプロセスを経るため世界に衝撃を与え、強く非難される。CWC の未加盟国の存在に対する注目度は低いが、条約への参加に向けて国際社会は説得と圧力を加えるべきである。

　北朝鮮は CWC に署名しておらず、条約への参加を検討した形跡もない。北朝鮮は冷戦中にソ連の支援を受けながら化学兵器の開発を進め、化学戦の能力を高めていった。米欧の軍事専門家は、北朝鮮国内に化学兵器の開発・製造施設があると見ているが、閉鎖国家の実態はよく分からない。朝鮮半島でもし軍事衝突が起これば、米韓連合軍、韓国の都市と空港・港湾などが化学兵器攻撃のターゲットになり得る。米国と韓国は北朝鮮との化学戦を想定した防護と訓練を行っている。国際社会の懸念は北朝鮮の核兵器とミサイルに集中しているが、実際に核兵器を使用することへのハードルは高いと思われる。化学兵器の破壊の効果と範囲は核兵器より小さいため、実戦で使用される恐れがある。

　エジプトも CWC に署名していない。ソ連の支援を受けて化学兵器を開発した点で北朝鮮と共通点があり、1960年代にイエメンの内戦に介入した際に化学兵器を使用したことがある。エジプトは中東のアラブ諸国のリーダー的存在であり、イスラエルに対抗して化学兵器を保有しているといわれる。エジプトの歴代政府は、「イスラエルが NPT に入らぬ限り、われわれは CWC に入らない。独自の抑止力を維持することは主権国家の権利である」として、自らの立場を正当化してきた。

　イスラエルは CWC に署名しているが、批准していない。イスラエルは化学兵器の保有を否定も肯定もしない立場をとっているが、世界の軍事専門家は化学兵器を保有していると見ている。周辺諸国との敵対関係が厳しく、軍事力で数的劣勢にあるイスラエルには、軍事攻撃を抑止するための威嚇の手段として化学兵器を保有する動機がある。また、イスラエルが「テロ組織」とみなす武装勢力との戦いにおいて、化学剤が利用される可能性がある。1997年にヨルダンで起きたハマスの指導者の暗殺未遂事件で

第6章　化学兵器の軍備管理

は、イスラエルの情報機関の工作員が神経ガスのスプレーを噴きかけようとしたといわれる。

　他にも南スーダンなど、条約に加盟していない国がある。条約に未加入の国は、化学兵器を開発保有しているか、保有する意志があると見るべきである。CWC の未加入国のなかに、国内の政情が不安定な国が含まれている点は大きな問題である。シリア内戦中の化学兵器使用と同じことが、別の国で起こる可能性がある。CWC 条約の発効後、国家間の戦争で化学兵器が使われたことは一度もないが、対立する国家間で軍事衝突あるいは深刻な危機が発生した場合、何処かに隠されていた化学兵器が使用されたり、急いで製造された化学兵器が使われる可能性は排除できない。

（3）内戦と化学兵器

　内戦は世界各地で起きているが、内戦が化学兵器と結びつくと、非常に危険で厄介な問題へと発展する。長年にわたりリビアを独裁的に支配してきたカダフィの政権が、民衆蜂起によって2011年に崩壊したとき、国際社会はリビアの民主化と国内の安定を期待した。しかし、リビア国内に残っていた化学兵器（マスタードガスなど）の処理という厄介な問題が発生した。2004年に CWC に加盟してから化学兵器の廃棄は進められていたが、OPCW に対して行った報告内容が不正確であり、化学兵器の残存数はもっと多かった。政権が移行する不安定な時期に相当数の化学兵器が存在することが分かり、化学兵器施設の管理体制上の問題、近隣諸国あるいは過激派組織に化学兵器が流出するリスクなどの懸念が浮上した。幸いなことに、米国、ドイツ、カナダの技術支援や後方支援を受けて廃棄作業は無事に終了したが、リビアには化学兵器の原料物質や、化学兵器の製造者と技術力がカダフィ政権時代から蓄積されているため、リビアの動向には注意する必要がある。

　シリア内戦中の化学兵器の使用は米国の軍事介入の可能性を浮上させ、シリアと友好関係にあるロシアの介入を招いた。シリアは長年、CWC への参加を拒否していたが、ロシアの説得を受けて条約に署名した。米国とロシアの協議を経て、国際管理下の化学兵器の廃棄計画が始動した。内戦中の国家の領域内で OPCW が活動するのは初めてである。生産・加工施設の解体、有毒物質の廃棄などの危険な作業が、銃弾が飛び交う戦闘地域

の近くで行われることになった。約1,000トンの化学兵器の廃棄にかかる費用の負担も大きく、内戦と化学兵器が結びつくと、国際安全保障上の大きな懸案になる。

（4）化学テロ対策

　冷戦時代から今日まで、テロの手段は通常爆弾や銃が使われることが圧倒的に多く、化学兵器を利用したテロの数はさほど多くない。しかし、近年のテロリストは彼らの目標を達成するために、時間と金をかけて周到に準備する傾向が強い。製造するのに手間がかかっても、大量殺戮の規模が大きく、人々と社会に絶大な恐怖を与える化学兵器の入手を試みるテロリストが増えていく可能性がある。市民の安全を守るために化学テロ対策を準備することは、自由諸国政府の重要な責務である。

　テロ対策の第一歩は情報収集である。テロリストの存在と行動の早期発見が重要であり、これは警察やインテリジェンスの仕事である。テロの未然防止にどんなに力を入れても、テロの可能性はなくならない。テロが起きた時の対応計画を準備し、日頃から訓練を行う必要がある。化学テロ発生の探知、利用された化学剤の特定、病院への搬送と治療、救助に携わる人々の防護、汚染場所の除染など、準備すべきことは多い。中央政府、消防、病院施設、医師らが迅速に連携して対応する危機管理体制が構築されていなければ、化学テロには対処できない。国家間の戦争では、防護服を装着した兵士が戦場で敵の化学兵器と対決するが、化学テロ攻撃を受けた市民を救うのは病院などの公衆衛生機関である。

＊1　ジョナサン・B・タッカー『神経ガス戦争の世界史―第一次世界大戦からアル＝カーイダまで』みすず書房、2008年。
＊2　Morton Halperin, Memorandum for Dr. Kissinger, "U.S. Policy, Program and Issues on CBW, "August 28, 1969, Date Declassified: Dec. 30, 2002, *Declassified Documents Reference System*.
＊3　1969年4月にモートン・ハルペリン（Morton Halperin）がキッシンジャーに送ったメモには、「化学兵器と生物兵器については、政府全体に行きわたるポリシーのようなものがない」と書かれている。Morton Halperin, Memorandum for Dr. Kissinger, "U.S. Policy, Program and Issues on CBW, "August 28, 1969, Date Declassified: Dec. 30, 2002, *Declassified Documents Reference*

第6章　化学兵器の軍備管理

System.
＊4　CIA report on "Use of Toxins and other Lethal Chemicals in Southeast Asia and Afghanistan, " Central Intelligence Agency, Feb 26, 1987, *DDRS*.
＊5　"Soviet use of chemical warfare in Afghanistan, " Central Intelligence Agency, March 27, 1984, *DDRS*, Declassified Nov 1, 1987.
＊6　CIA report on "Use of Toxins and other Lethal Chemicals in Southeast Asia and Afghanistan, " Central Intelligence Agency, Feb 26, 1987, *DDRS*.
＊7　Albert J.Mauroni, Chemical-Biological Defense: *U.S. Military Policies and Decisions in the Gulf War*, Praeger, 1998, pp. 23-24.
＊8　イラク、イラン、中国、北朝鮮、ミャンマー、インド、インドネシア、パキスタン、サウジアラビア、韓国、シリア、イスラエル、エジプト、エチオピア、リビア、タイ、ベトナム、米国、ロシア。
＊9　*Jane's Intelligence Review*, "Chemical Solutions--Regulatory body's Challenges for a New Era, "September 15, 2010.

第7章
生物兵器の軍備管理

　核兵器や化学兵器と異なり、生物兵器は今まで国家間の戦争で使用されたことがない。生物兵器は戦争では使いにくい兵器とみなされてきたが、軍事専門家たちはテロリストが生物兵器を利用するリスクが増大していると警告している。バイオテロの脅威を封じ込める上で、生物兵器禁止条約（BWC）はどこに問題があるのか。近年、目覚ましく発展しているバイオテクノロジーは生物兵器の軍備管理にどのような試練をもたらすだろうか。

1．生物兵器の脅威

（1）生物兵器とは何か

　古代の戦闘史を紐解くと、生き物を使った奇襲攻撃を試みた例が見つかる。紀元前186年にハンニバル率いるカルタゴの艦隊は、ペルガモン（当時の都市）との戦争中、大量の毒蛇を入れた壺をカタパルト（石や矢を発射する兵器）で敵の艦隊に打ち込んだ。19世紀後半に細菌学が発達してから、国家間の戦争の手段として生物剤が利用する可能性に関心が向けられるようになった。菌の培養技術は未熟であったが、蚤やネズミがペスト菌を媒介することは広く知られていた。第一次世界大戦中に生物兵器は使われなかったが＊1、大量に使用された化学兵器と共通の性質（大量殺戮能力と非人道性）を有するとみなされ、生物兵器の使用も禁止する必要があるとする見方が広まった。1925年のジュネーブ議定書では、化学兵器とともに生物兵器の使用も禁止された（化学兵器と同様に、開発と保有までは禁止されなかった）。

　第二次世界大戦中も、生物兵器が本格的に使われることは一度もなかった。数ヵ国が生物兵器を開発していたといわれているが、実態はよく分か

っていない。ドイツは生物兵器の研究開発と実験を行ったが、同国の化学兵器計画よりはるかに小規模であった。英国はドイツに対抗して炭疽菌の兵器化を考え、羊を使って炭疽菌の実験を行った。フランスとカナダも生物兵器を開発した。米国は炭疽菌の製造施設を建設したが、製造が開始される前に戦争が終わった（米国は核兵器の開発を最優先させた）。満州で編成された日本の「731部隊」は、中国本土で生物兵器の開発と実験を行った。ソ連も生物兵器を開発した（スターリングラードの攻防戦で、ドイツ軍に対して生物兵器を使用した疑いがあるという）。

　生物兵器は、バクテリアやウイルスなどの病原微生物を散布することによって、人体に死あるいは病気をもたらす兵器である。動物や植物に害を加える目的で使われることもあり得る。毒素兵器は、微生物により生成される毒素あるいは化学的に合成した毒素を利用したものであり、増殖しない点で生物剤と異なる。毒素兵器は、化学兵器と生物兵器の中間的な性質を持つといえる。

　米国の疾病予防管理センター（CDC）は、バイオテロに使われ得る病原菌のなかで特に危険性の高いものとして、炭疽菌、ボツリヌス、ペスト、天然痘、ツラレミア、ウイルス性出血熱の6種類を挙げている。炭疽菌は芽胞とよばれる殻のなかで、長い間安定的に生き続ける。熱、低温、日光、乾燥状態にも耐え、人体の中に入り込むと活動を開始し、免疫細胞の中に入ると殻を破って増殖する。やがて免疫細胞から飛び出し、すべての臓器に寄生して有毒なたんぱく質を放出し、死にいたるまで組織を食い尽くす。ボツリヌス毒素が口から入ると、数時間から数日後に悪心、嘔吐、瞳孔散大などの症状を呈し、最後には呼吸麻痺によって死亡する。ペストはネズミの流行病であり、ノミ、ナンキンムシ、シラミなどの昆虫の媒介によってヒトに感染する。天然痘は、1977年のソマリアにおける患者発生を最後に地球上から消え去ったとされ、1980年にWHOが根絶宣言を行った。天然痘ウイルスは米国とロシアの特別な施設で厳重に保管されているが、伝染力が非常に強いため、テロに使われたときの被害は甚大なものになる。ツラレミアは野ウサギの間で流行し、マダニ類などによって媒介され、ヒトには病獣の死体組織や血液に触れることによって感染する。ウイルス性出血熱（エボラ）の症状は、風邪のような高熱と頭痛から始まり、血管が破れ、血が固まらず、吐血や下血、口内など全身から出血する。1976年に

第7章　生物兵器の軍備管理

ザイールで発生したとき、感染者の90％が数日内に死亡した。オウム真理教の信徒たちは、エボラ出血熱の被害者を救うためと偽り、1990年代初めにアフリカに行って、感染者からエボラ・ウイルスの採取を試みたことがある。

　生物兵器の材料は細菌、ウイルス、菌株などの病原体であり、病院、細菌学や微生物学の研究に携わる大学や企業の研究所・研究室などに保管されている。病原体そのものが手元になくても、例えばペスト菌に感染した動物（リス、ウサギ、ネズミ）を何らかの形で入手し、ペスト菌を抽出・培養することは可能である。生物剤をどこまで兵器化するかは、その利用を考える国家や非国家主体の目的による。テロが目的であるなら、病原体をばらまくだけでも一定の被害と恐怖をもたらせる。国家の軍が戦争中に兵器として使用する場合は、軍事作戦の目的に合った効果を確実に出せないと意味はない（他の兵器を使うほうがいい）。

　製造に必要な装置（培養タンクや空気の供給・排気装置など）は広いスペースを必要とせず、普通の建物の部屋やガレージのような目立たぬところでも設置できるため、秘密裏に製造することは比較的容易である。生物剤と製造器具がそろっていれば、決断してから数週間あるいは数日間で製造することも考えられる。核兵器よりはるかに安い費用で製造できることから、「貧者の核兵器」と呼ばれるが、化学兵器の場合と同様に、この言葉は適切ではない。生物兵器には物理的な破壊力はなく、核爆発と同等の大量殺戮力を実行するには、致死性が大きい生物兵器の大量生産と保存、信頼性の高い運搬手段の確保が必要になり、相当の資金が必要になるからである。

　生物兵器の運搬手段としては、航空機、爆弾、砲弾、弾道ミサイルなどが考えられる。移動や衝撃によって病原体のパワーが削がれることが、生物兵器の弱点である。航空機から病原体微粒子を大気中に放出すれば、多数の人が脅威にさらされるが、天候などによって効果が左右される。爆弾の場合は爆発による効果、砲弾は着弾時の衝撃の効果が影響する。弾道ミサイルは迎撃が難しいが、重力の変化や着弾時の衝撃に耐える生物剤を準備し、それを弾頭に装着することは簡単ではない。湾岸戦争前のイラクは生物兵器と毒素兵器（炭疽菌、ボツリヌス毒素、カビ毒素のアフラトキシン）の製造には成功していたが、それらの運搬・散布手段の開発・製造の技術

が遅れていたと見られている。テロリストが生物兵器を使用する場合は、人々が密集した場所で噴霧器などを使ってばらまくかもしれない。少量であれば、手紙の郵送という簡便な方法もある。

（2）ソ連の生物兵器計画

　ソ連は、第二次世界大戦の末頃から生物兵器の開発に着手した。ボツリヌス毒素、ペスト菌、ツラレミア菌、炭疽菌、天然痘などを兵器として使用するための研究とその運搬手段の開発を進めた。ソ連は生物兵器禁止条約（BWC）に署名したにもかかわらず、秘密の生物兵器計画を継続・拡大していった。1979年にスヴェルドロフスク（現在のエカチェリンブルグ）で炭疽菌の胞子が放出される事故が起こり、生物兵器計画の継続が露呈したが、ソ連政府は「闇市場で取引された汚染肉によって起こった食中毒である」と説明した。

　その後もソ連の生物兵器計画は継続され、冷戦末期には全国に約40の研究施設と45,000人の職員を抱える大組織に膨れ上がった。天然痘ウイルスを兵器化する実験を成功させ、ワクチンが効かない猛毒性の細菌類を大量に作り出すことに成功していたといわれる。これらの恐ろしい生物兵器を装着した大陸間弾道ミサイル（ICBM）で、米国に対する戦略攻撃を行う能力を確保することがソ連の目標であったというから、驚かされる。

　ソ連の生物兵器計画の実態は、その計画の責任者の一人が米国に亡命して明らかにした。冷戦が終わっても生物兵器計画は継続していたが、1992年にエリツィン大統領が、BWC に違反するロシア国内の活動を全て停止するよう命じた。今日のロシアは BWC を遵守していると見られるが、ソ連時代に蓄積された生物兵器と関連技術や、多数の科学者・技術者たちの知見と能力が世界に拡散する危険性がある。冷戦中の西側諸国は核兵器の脅威に目を奪われ、東西間の核戦力バランスに神経を尖らせていたが、生物兵器計画を停止した米国をソ連が大きく引き離していたことを知らなかった。

（3）炭疽菌郵送事件

　炭疽菌が入った容器を封入した手紙が米国のテレビ局、出版社、上院議員に対して郵送される事件が、2001年9月18日と10月9日に起きた。この手

第 7 章　生物兵器の軍備管理

紙によって数百人が炭疽菌にさらされ、20数名が感染し、5名が死亡した。「9.11テロ」のショックから立ち直る前に、米国は再びテロの恐怖に襲われた。調査分析を行った連邦捜査局（FBI）と伝染病研究所の科学者たちは、送付された炭疽菌の芽胞は純度の高いものであることを確認し、犯人は生物兵器の専門家であることを知って驚愕した。彼らは当初、外国から米国に持ち込まれた炭疽菌に違いないと思い込み、イラクの生物兵器が使用された可能性を疑った。しかし、さらなる調査の結果、米国陸軍の感染症研究所が所有していたエームズ菌株であることが判明した（米国陸軍はワクチン開発のためにエームズ菌を使用していた）。

　FBIの捜査は、炭疽菌の専門家ブルース・アイヴァンス（Bruce Ivins）博士に絞られたが、博士は逮捕される直前に自殺した。米司法省は、精神的問題（抑うつ状態）を抱えた博士の単独犯行であると結論づける調査報告書を作成し、事件の調査を終了した。事件を起こした博士の動機の解明は不十分であるが、この事件によって生物剤がテロの手段として使われる可能性に対する懸念が高まった。たった一人の専門家が、手紙という簡便な方法で届けた数グラムの炭疽菌によって、米国全体が恐怖と混乱に陥った。事件の捜査や汚染された施設の浄化に係った費用は数十億ドルに達したという。

（4）生物兵器の脅威をどう見るか

　戦争で本格的に使用されたことがなく、効果の不確実性が大きい生物兵器の脅威の評価は難しい。冷戦時代中のソ連のような本格的な生物兵器開発を行う国が今後現れるとは思えないが、どこかの国が秘密のうちに生物兵器を蓄積する可能性には注意しなければならない。武力紛争あるいは軍事衝突の危機が起きた時、生物兵器は相手国を驚かせて牽制する「隠し玉」になるかもしれない。蓋然性の大きさから見ると、国家よりも非国家主体による生物兵器の使用が、より現実的な脅威であると考えられる。オウム真理教は生物兵器の利用に失敗したが（東京にある道場で炭疽菌を屋外に散布しようと試みたが、噴霧のときに炭疽菌が死滅した）、生物剤をエアロゾル状態にして散布することは前より容易になった。狂信的なテロリストが、自ら感染して攻撃目標に入り込む可能性もゼロではない。

　化学兵器の効果は使用直後に現れるが、生物兵器は人に病気を起こすこ

129

とによって効果を発揮する。微粒子状態の生物剤は目に見えず、音も立たず、味や臭いもない。生物兵器の使用を認知・確認するまでに時間がかかる。誰が使用したかの特定は難しく、実行犯は現場から素早く逃げ出すかもしれない。人から人へと感染する病原菌もあり、伝染病が拡大すれば被害が急激に拡大する。生物兵器の製造施設を消毒すれば証拠隠滅が可能であり、犯人の捜査が難しくなる。生物兵器はテロ攻撃の手段としてのメリットが多い。生物兵器は非常に陰険な兵器といえる。

炭疽菌郵送事件の他には1984年のラジニーシー事件があるが（米国オレゴン州の新興宗教団体ラジニーシーが、選挙を有利に戦う目的で、レストランでサルモネラ菌をサラダバーに混入させ投票の妨害を試みた）。非国家主体によるバイオテロの発生例はまだ少ない。しかし、生物兵器の脅威が高まっていることは確実であり、起きたときの国家・社会に与える被害は甚大である。

2．生物兵器禁止条約（BWC）

軍備管理に関する議論は、検証に関わる問題が多い。生物兵器禁止条約（BWC）には検証規定と実施機関が存在しないという大きな欠陥がある。化学兵器禁止条約（CWC）に検証に関する詳細な規定が設けられており、附属書を含めると全体で百数十頁に達する分厚い文書になっているが、BWCはわずか5頁程度に収まる簡素なものである。

（1）条約の成立

核兵器不拡散条約（NPT）が成立した1968年に、国連軍縮委員会の仮議題として化学兵器と生物兵器の国際規制が掲げられた。当初は両者を一括して禁止する条約の作成が検討されていたが、過去の戦争で何度も使用された化学兵器と、一度も使われず効果が不確実とみなされた生物兵器の規制は別々に行うほうが適切であるという見方が支配的になった。生物兵器の国際規制にイニシアティヴを発揮したのは英国であり、1969年7月に条約の草案を18ヵ国軍縮委員会（ENDC）に提出した。核兵器を国防政策の支柱として位置づけていた英国は、財政的な事情もあって自国の生物兵器計画を停止した。

第 7 章　生物兵器の軍備管理

　米国は生物兵器計画を維持していたが、1969年11月にニクソン大統領が生物兵器の開発と製造をすべて停止し、敵対国の生物兵器攻撃に対する防護措置の研究開発のみに限定することを宣言した。ソ連の生物兵器計画が継続している状態で、米国は一方的に軍縮に乗り出した。ニクソン大統領の決定は異例かつ大胆であったが、核兵器が米国の国防政策の支柱になっており、生物兵器は不可欠ではないと判断した。また、ベトナム戦争の行き詰まりを乗り切るための政治的計算も働いていたと見られている。

　ソ連は米英とは異なり、生物兵器も軍事戦略の不可欠な柱であると考えていた。ソ連は、生物兵器の軍縮に乗り出した英米の意図を疑い、化学兵器と生物兵器の規制交渉を分離する英国案に反対することで協議の進展を遅らせた。閉鎖国家のソ連は、条約の検証手段としての現地査察が要求されることを強く警戒していたが、生物兵器を禁止する条約には検証規定を設けないことに米英が同意したことで、姿勢が軟化した。ソ連の指導者たちは、検証が行われない BWC に参加しても、ソ連国内で秘密裏に生物兵器計画を継続することは可能であると判断した。また、BWC が発効しても、米国は生物兵器計画を温存させるに違いないと思い込んでいた（ソ連の予想と異なり、米国は約束どおりに生物兵器の製造を停止した）。

　18ヵ国軍縮委員会（ENDC）における条約作りは、このような米ソ両国の同床異夢のなかで進められ、1972年4月に署名のため開放された（75年3月に発効）。条約の有効期間は無期限とされた。

（2）条約の内容

　BWC では、生物兵器の開発、生産、取得、貯蔵、保有がすべて禁止された（第1条）。「使用の禁止」が明示されていないが、条約の趣旨から見て明らかである（前文ではジュネーヴ議定書の目的と原則を厳守することが要請されている）。生物兵器攻撃に対する予防措置や身体の防護などの平和目的のものは例外とされたが、平和目的と認められない微生物剤、生物剤、毒素（原料又は製法のいかんを問わない）はすべて禁止された。生物兵器を敵対目的で使用したり、生物兵器を武力紛争で使用するために設計された兵器、装置、運搬手段も禁止された。

　BWC の締約国は、条約の効力発生後の9ヵ月以内に自国内に存在するすべての微生物剤、その他の生物剤、毒素、兵器、装置、運搬手段を廃棄

する義務と、これらを他者に移転しない義務を負わされた。生物兵器の製造方法を他者に教えることも許されない。これらの義務を果たすため、各国は国内の法制度を整備しなければならない。

　BWC には検証制度が設けられなかった。その理由の一つは、条約の作成過程で、ソ連と東欧諸国が現地査察を受け入れる可能性がなかったことにある。社会主義の勝利を信じていたソ連の指導者にとって、生物兵器の専門知識を持つ西側諸国の人々が自国領土の基地や生物兵器の関連施設に立ち入ることは問題外であった。検証制度を含む条約を作成してもソ連が参加しないことは確実であり、ソ連が入らない条約ではほとんど意味がないと考えられた。

　より本質的な理由は、生物兵器の存在と不存在を検証することの技術的な困難であった。米ソの戦略核兵器の制限交渉では、検証の手段として偵察衛星が利用されたが、生物兵器が製造・保管される可能性のある施設（軍の機関、研究所、大学、研究所、民間の企業など）の屋内は、偵察衛星では把握できない。査察員が施設の中に入る現地査察を実施すれば、条約の遵守と状況の判断に役立つデータの入手と事実確認は可能であるが、査察員が到着する前に作業の跡が秘匿されれば、条約違反を裏付ける証拠の確保は難しい。現地査察による検証にも、不完全性が残ると考えられたのである。

　条約の検証が行われないため、BWC では化学兵器禁止機関（OPCW）のような実施機関も設置されなかった。条約の運用状況を再検討する会議が5年毎に開催されるが、それを統括する常設の機関は存在しない。会議の議長はその都度選出され、議題の選定や議事の進行が会議参加国の意向によって左右されることがある。BWC 加盟国の条約違反を疑わせる事実が確認されたときは、加盟国の間で相互に協議と協力を行うことができる。

　BWC で定められた加盟国の権利は、20年後に成立する CWC の規定を先取りする内容になっている。生物兵器の脅威につながる活動は一切禁じられたが、非軍事的な目的の活動の権利は認められた。生物兵器の技術はデュアル・ユースであるため、細菌学・生物学の研究は生物兵器の能力向上につながるが、平和目的という前提が覆されない限り、BWC の違反にはならない。細菌剤（生物剤）と毒素に関連した装置、資材、科学・技術情報を外国と交換・共有することも、国際協力の権利として定められた。

第7章　生物兵器の軍備管理

（3）条約の意義と問題点

　軍備管理の歴史という観点から見ると、BWC が1972年4月に署名のため開放された翌月に米ソ間の第一次戦略兵器制限交渉（SALT-Ⅰ）が妥結しており、生物兵器と核兵器の軍備管理が成果を生んだこの時期は、一つの里程標といえる。SALT-Ⅰでは米ソの戦略核兵器の上限が定められたが、核兵器の削減は行われなかった。特定のカテゴリーの兵器に関して、開発から使用までのすべての活動とその運搬手段まで全面禁止することを定めた条約は BWC が初めてであり、歴史的な意義がある。BWC は軍備管理条約であると同時に軍縮条約でもある。

　BWC には NPT のような差別性がなく、加盟国の権利と義務は平等である。今日的観点から振り返ると、BWC が成立した時期はバイオ研究の急速な発展が始まった時期と一致している。歴史の偶然とはいえ、「生物兵器を作ってはいけない」、「生物兵器を拡散させない」という国際規範がこの時期に条約で確定されたことは意義深い。自国が諦めた生物兵器を他国に持たせまいとした英国と、政治的な動機に基づくニクソン大統領の決断が重なったことが、この条約作りの端緒となった。ソ連は BWC に加盟したが、条約上の義務を果たすつもりはなかった。条約の中心に位置していた英米ソの行動は、それぞれ身勝手なものであったが、BWC の成立は世界の安全保障にプラスであると評価される。

　BWC の最大の欠陥は、条約の遵守状況を確認する検証制度と実施機関の欠如である。条約の遵守に対する不安は、当時から疑問視された。条約違反の疑いのある国について安保理に申し立てる仕組みは作られたが、違反に対する罰則や制裁は何も定められなかった。このような制度的欠陥はあったが、当時は米ソの戦略核兵器交渉の重要性が際立っており、生物兵器の軍備管理に対する国際社会の関心は相対的に小さかった。生物兵器の開発国は限定されており、生物兵器の効果は不確実で使いにくいとみなされていた。生物兵器の現実的脅威を意識して生まれたのではなく、大国の都合や思惑などの諸要因が入り混じって成立した条約であった。

（4）条約成立後の生物兵器開発

　条約が成立した当時から、どこかの国がこっそり生物兵器を製造する可

133

能性はあると見られていた。ソ連の他にも生物兵器を開発した国がある。アパルトヘイト時代の南アフリカは、人種差別政策に対する国内の反対運動の激化、国際社会からの孤立、ソ連とキューバのアンゴラへの進出などによって追い詰められ、政権の生き残りを目的にして1980年代初めから化学・生物兵器計画（「プロジェクト・コースト」）に取り組んだ。対外的には、防御のみを目的とした研究計画であると説明していたが、攻撃用の化学・生物兵器の開発が当初から含まれていた。かなりの規模の予算と人材が投入され、生物兵器の広範な研究開発が行われたが、実際に生産された生物兵器の量は限定的であったという。計画は国軍の管理下で進められ、フロント企業のネットワークによって隠蔽された。1994年の黒人政権の樹立を前に、最後の白人政権が計画を停止し、化学・生物兵器を廃棄した。その後の南アフリカは、グローバルな軍縮・不拡散に積極的に取り組んでいる。

　イラクはBWCの締約国であったにもかかわらず、秘密裏に生物兵器を開発した。湾岸戦争前、米国のインテリジェンス機関は、イラクが炭疽菌とボツリヌス毒素を兵器化している可能性があると分析していた。湾岸戦争が始まる前、生物兵器が航空機から爆弾などを利用して投下されるリスクがあると警戒していた*2。湾岸戦争後、国連調査団はイラク国内に生物戦用の兵器の研究・開発及び貯蔵施設が存在していることを確認し、戦前の分析・予想をはるかに超える規模の生物兵器計画が進められていたことが分かった。

（5）議定書交渉の挫折

　冷戦の終結を受けて、世界の国々は国際安全保障の諸課題を再検討した。1991年に開催されたBWC締約国の運用検討会議で、以前から問題視されていた検証規定の不在が議論され、検証規定の新設を検討する専門家グループが設置された。湾岸戦争後にイラクの生物兵器計画が発覚したことにより、検証規定の必要性を再認識する国が増え、検証規定を追加する議定書を設ける案がジュネーヴで協議された。2000年に開かれた会合でチボール・トット（Tibor Tóth）議長によって議定書の草案が提示された。検証を実施する機関の新設や、生物兵器関連の活動と施設に関する加盟国の申告など、新たに導入される検証制度の輪郭が定められていた。

　BWCに検証規定を追加することに多数の締約国が同意していたが、米

第 7 章　生物兵器の軍備管理

国のブッシュ政権は「申告・査察という方法では生物兵器の活動は検証できない」として反対を表明した。ブッシュ政権は、BWC の強化は不完全な検証に頼るのではなく、BWC に加盟する各国が条約違反への罰則を準備し、病原性微生物の安全基準を強化するなど、生物兵器の不拡散に実質的な効果を及ぼす措置によるべきであると主張した。米国の反対により、議定書を作成する交渉は行き詰まり、将来の検討課題として先送りされた。

(6) 生物兵器の輸出管理措置

生物兵器の輸出管理は、化学兵器の不拡散を目的として設置されたオーストラリア・グループ (AG) の活動の拡大という形で取り組まれている。AG では、1991年から生物兵器の輸出管理のための輸出管理の協力が開始された。化学兵器と生物兵器の不拡散が二大目的とされ、両者がワン・セットで運用されている。参加国の自由意思に基づく非公式な制度であること、情報交換と政策協調が行われていること、生物兵器に転用可能な汎用品と技術のリストが作成されていることなど、化学兵器の輸出管理と基本的に同じ仕組みになっている。現在のメンバー国、加入の資格要件、不参加国の存在など、化学兵器の輸出管理措置（第6章2）で述べたことは、生物兵器の輸出管理措置にも当てはまる。

イラン・イラク戦争中の化学兵器使用が AG を発足させ、イラクの生物兵器計画の発覚が AG の活動領域を生物兵器にまで広げた。大量破壊兵器の軍備管理のための輸出管理措置を見比べると、いずれも先進国の途上国に対する材料や資機材の輸出のあり方を反省する出来事がきっかけになっている（核兵器の輸出管理措置はインドの核実験実施を受けて制度化された）。民生用に使用されるという前提で行われる、先進国の企業の途上国への輸出が大量破壊兵器の開発に結びつき、国際安全保障上の重大な出来事が発生した後になって、ようやく輸出管理のための国際協力の制度が整備されるというパターンが見られる。

近年のバイオテロの脅威の拡大により、大量破壊兵器関連の輸出管理には今まで以上の厳密さが求められる。BWC 加盟国は、国内のテロ関連活動の監視を強化し、テロにつながる可能性のある違法行為に対して厳しい罰則規定を設置する必要がある。AG は、BWC の非加盟国に対しても、生物兵器の不拡散に協力するよう働きかけている。

3．生物兵器の軍備管理の課題

　生物兵器禁止条約（BWC）は、今から約40年前（1975年）に発効した条約である。この40年間に生物学研究は驚くべき発展を遂げたが、条約の規定は昔のままである。世界の大多数の国が条約の締約国になっているが、生物兵器の脅威は削減されるどころか、むしろ拡大している。生物兵器の軍備管理は多くの困難な課題を抱えている。

（1）生物兵器禁止条約（BWC）の不備
　生物兵器禁止条約（BWC）への加盟状況から確認すると、まだ条約に加盟していない国が十数ヵ国ある。イスラエルは条約に署名しておらず、生物兵器の開発については否定も肯定もしない政策をとり続けている。核兵器と化学兵器に対する同国の対応ぶりから見て、既にある程度の生物兵器を保有しているか、国家の指導者が決断を下せば生物兵器を製造する施設と能力を持っていると思われる。エジプトは1972年にBWCに署名したが、イスラエルの核兵器保有とBWCへの不参加を理由にして、条約の批准を拒んできた。歴代のエジプト政府は、「BWCの趣旨には賛成しており、生物兵器の開発は行っていない」と明言しており、締約国会議にもオブザーバーとして参加している。他の未締約国は大洋州の小国（キリバス、ツバル、サモアなど）とアフリカの国々（アンゴラ、エリトリア、南スーダンなど）である。国内にもっと緊急な課題（HIV/AIDS、森林破壊、旱魃、貧困）を抱えていることが理由の一つであると説明されることがあるが、BWCには化学兵器禁止条約（CWC）のような査察の負担はなく、言い訳にはならない。

　BWCが発効してから、「わが国は生物兵器を開発している」と公言した国は一つもない。生物兵器を持つことに何らかの後ろめたさが存在するのであれば、BWCには一定の国際規範があるといえる。しかし、検証が行われない条約は、違反を抑止する効果が弱い。韓国の国防部は、「北朝鮮は炭疽菌、天然痘、ペストなど多様な生物兵器を製造する能力がある」と報告している[*3]。米国政府は「北朝鮮は生物兵器を保有しており、有事の際に使用する可能性がある」と分析している[*4]。しかし、北朝鮮は

第 7 章　生物兵器の軍備管理

BWC の締約国である。北朝鮮が進めていた核開発は国際原子力機関（IAEA）の査察の過程で露呈したが、北朝鮮の生物兵器の存在を確認する査察が行われないため、条約の違反を確認できない。

米国と韓国は自ら収集した情報の分析に基づき、「北朝鮮は BWC に違反している」と指摘するが、条約に基づく国連安保理への不服の申立てや調査は一度も行われていない。生物兵器開発の疑惑が指摘されることがあっても、北朝鮮は平然と聞き流している。条約の未加盟国の存在が問題であると述べたが、未加盟国が加盟してもこのような問題が残る。検証規定のない条約には牙がないのである。検証規定を新設する議定書を作る交渉が再開される動きもなく、条約の遵守を確認できぬまま生物兵器の軍備管理を行わざるを得ない状況が今後も続く。

ブッシュ政権の反対によって議定書交渉が中断したとき、「米国の単独行動は身勝手である」という批判が世界から湧き上がった。しかし、ブッシュ政権の外交姿勢を批判し、多国間主義の外交を実行するオバマ大統領も、検証規定を新設しようとしなかった。バイオテクノロジーがデュアル・ユースであり、製造プロセスの秘匿が容易なことから、生物兵器の検証が技術的に難しいことが問題の本質である。

検証制度の導入に米国が反対するもう一つの理由は、米国のバイオ企業の利益の保護である。バイオ製品の製造技術は未公開のものが多く、企業秘密に関わる情報は、生き物の遺伝子として存在する。微生物は成長し、再生産するため、それらを工場で観察するだけでは実効的な査察にならない。検証を実行することになれば、生物兵器の不存在を査察で確認するために、サンプリングが要求される可能性が大きい。巨額の資金と人材を投入し、最先端の技術を開発してきた企業にとって、検証のためにやってきた査察官に自社のサンプルを渡すことのリスクはあまりに大きい。バイオテクノロジーをめぐる競争は激烈で、多数の米国企業はその先頭を走ってきた。米国の医学界とバイオテクノロジー企業は、BWC の検証に反対している。米国の化学・生物兵器軍備管理研究所のマイケル・ムーディ（Michael Moodie）所長は、CWC の検証制度を高く評価しているが、技術的困難と企業情報の流出防止を理由に、BWC に検証規定を設けることには反対した*5。このような状況を見ると、BWC に検証制度を設けることは、今後も期待し難いと考えられる。

（2）バイオテクノロジーの発展とミスユースのリスク

　近年の分子生物学の発展は目覚ましく、特にライフサイエンスの分野で画期的な発展が見られる。遺伝子組換えや細胞融合などを用いた製薬、種苗開発、食品加工などへの応用がわれわれの生活を変えていく。バイオ革命の成果に期待が集まるが、新しいリスクも浮上している。これまで新種のバクテリアやウイルスの開発には長い時間がかかり、大量生産を行うことに技術的困難があった。バイオ革命は生物兵器の製造を容易にし、大量生産を可能にする。生物剤の管理と保管も容易になる。扱いにくく使いにくかった生物兵器が、使える兵器へと「進化」する可能性が出てきた。今まで想定されていなかった新種の生物剤が登場するリスクもある。新しい治療薬やワクチンなどの進歩により、生物兵器の脅威への対応力が高まる面もあるが、バイオテクノロジーは諸刃の剣であり、生物兵器の軍備管理のチャンスとリスクがともに拡大していく。

　医学や生物学の知識や研究成果が悪用される（ミスユース）危険性は昔からあったが、バイオテクノロジーの急速な発展がこのリスクを増幅させている。科学に対する学問的な興味で研究を続けていた人が、何かのきっかけで自分の能力を悪用することを思いつく可能性がある。危険な病原体が、研究室施設から盗まれることもあり得る。バイオ研究の成果物をテロリストに入手させないために、「バイオセキュリティ」の強化が重視されている。バイオセキュリティとは、実験室内の病原体や化学物質などが、偶発的あるいは意図的に持ち去られない方策をとることである。実験室内への立ち入り制限、施錠、病原体等の搬出入、保存記録、移動記録、緊急時の対処方法の確立及び日常的監視、報告義務などが厳格に行われる必要がある。

（3）医学研究と安全保障

　安全保障や軍備管理の専門家たちは、医学研究やバイオ研究のあり方に特別な関心を払うようになった。長い間、生物兵器の脅威は軍事の領域の問題とされ、医学者や生物学者は軍事の世界と距離を置いて科学者として行動することが当然視されていた。今日の生物兵器の脅威は、医学と軍事が重なり合うところに存在している。米欧の軍備管理研究者の間では、「公衆衛生の安全保障問題化」という言葉が使われている。

第 7 章　生物兵器の軍備管理

　米国では、バイオテロ対策の一環として、バイオ研究を行っている大学、研究所、企業に対する規制と監視を強化すべきであるとする意見がある。一方、そのような公権力による規制は不適切で不可能であるとする反論もある。実際問題として、バイオ研究の知識、材料、施設などの普及を国家の力で食い止めることは難しい。核兵器の製造に必要な材料は核分裂性物質に限定されるが、生物兵器に利用できる材料は多く、民生品を利用することが容易である。安全保障上の懸念があるからといって、人類の生存と繁栄のため進められる科学の研究を妨げることは正しくない。

　とはいえ、バイオ研究者が安全保障上の問題に無知あるいは無関心であれば、生物兵器の脅威は拡大し、バイオテクノロジーのミスユースの危険性が放置される。安全保障政策と科学研究の両立を目指して、何らかの規制やルールを作っていく必要が生れている。米国では、生命工学を扱う研究者自身が中心となって自らの研究分野のあり方について安全保障の専門家等と一緒に検討を行っている＊6。安全保障専門家と医学界の交流だけでなく、これに関連する企業との情報共有と協力も必要であり、国を挙げてBWCの不備を補う努力を払うことが重要になってきた。

（4）バイオテロ対策

　バイオテロが起きた時の対応は、化学テロ対策と同様に、未然防止と被害管理に大別される。情報収集と早期発見によりテロを未然に防ぐ努力と、テロが実行されたときの迅速な対処（生物剤の特定、病院への搬送と治療、救助隊の防護など）の能力の確保が同時に必要になる。公衆衛生機関（病院と医師）の役割が最も重要である点でも、化学テロ対策と共通点がある。

　生物兵器の特有な性格に注意すべきである。病原体が人体を襲ってから症状が現れるまでに時間がかかり、テロ攻撃の結果として病気になったのか、他の原因によるものなのか、本人も医師もすぐには分からない。伝染力の強い生物剤には特に注意が必要であり、感染者の隔離と応急措置を誤ると、多数の第二次被害者が発生する。治療薬の準備がなければ、被害者が運ばれた病院はパニック状態になるかもしれない。また、被害者の救済が行われている間に、実行犯はどこかへ逃亡してしまう可能性がある。初動の対応や犯人の特定・確保の難しさという観点から見ると、化学テロ対策よりバイオテロ対策のほうが困難な課題が多い。緊急治療体制の整備は

もちろんのこと、インテリジェンスと科学捜査などを含むトータルな対策を講じておく必要がある。バイオテロに対する脆弱性を小さくすることは、テロの未然防止とテロ抑止のために重要である。

＊1 第一次世界大戦中、連合国が輸入する牛や馬にドイツが病原体を用いたという話や、ドイツがソ連に対してペスト菌を使ったという話があるが、事実関係は明確ではない。Mark Wheelis, "Biological sabotage in World War Ⅰ," in Ergard Geissler and John Ellis van Courtland Moon, ed., *Biological and Toxin Weapons: Research, Development and Use from the Middle Ages to 1945*, Oxford University Press, pp. 35-62, 1999.
＊2 Albert J.Mauroni, *Chemical-Biological Defense: U.S. Military Policies and Decisions in the Gulf War*, Praeger, 1998, p. 28
＊3 Republic of Korea Ministry of National Defense,"2012 Defense White Paper," (English Translation), p. 36, www.mnd.go.kr.
＊4 U. S. Department of State, 2015 Report on Adherence to and Compliance With Arms Control,Nonproliferation, and Disarmament Agreements and Commitments, June 5, 2015.
＊5 Michael Moodie, "The BWC Protocol: A Critique," Chemical and Biological Arms Control Institute, *CBACI Special Report No. 1*, June 2001.
＊6 National Research Council, *Biotechnology Research in an Age of Terrorism*, 2004.

第8章
弾道ミサイルの軍備管理

 ミサイルの種類は非常に多く、その能力と目的は多様である。軍備管理の観点から見ると、大量破壊兵器の運搬手段として利用され得る弾道ミサイルが、冷戦後に拡散していることが重要な問題である。弾道ミサイルの拡散防止のための措置には、どのようなものがあるのか。弾道ミサイルの軍備管理は他の領域の軍備管理といかに関連しているのか。

1．弾道ミサイルの脅威

（1）冷戦中の弾道ミサイル
 弾道ミサイルの起源は、第二次世界大戦の末にドイツが開発して英国を攻撃した V-2 ロケットである。大戦後、米国とソ連はドイツの技術を元にして研究開発を進めた。弾道ミサイルはロケット・エンジンを使って飛ぶ兵器であり、目標破壊のための弾頭、飛行制御のための誘導制御部、エンジンなどの推進部で構成される。発射後、上昇しながら速度を増し、ロケットが燃え尽きた後はそのまま慣性で飛翔するため、放物線を描いて目標地点に到達する。速度が速く、急角度で落下してくるため迎撃が難しい。
 弾道ミサイルは、大量破壊兵器（核、化学、生物兵器）の運搬手段になり得る。弾道ミサイルが目標に到達し、弾頭に装着された大量破壊兵器が効果を発揮すれば、相手国に大きなダメージを与える。大気圏内に高速度で再突入するときに発する高熱と、着弾時の衝撃に耐えるような弾頭の設計は技術的に高度であり、弾頭への装着が可能な形に大量破壊兵器を小型化する技術も難しい。
 米ソ（ロ）の大陸間弾道ミサイル（ICBM）と潜水艦発射弾道ミサイル（SLBM）は、核弾頭を搭載した弾道ミサイルである。弾道ミサイル自体は通常兵器であり、運搬する弾頭に何が装着されるかによって破壊の規模

と効果が異なる。弾道ミサイルと人工衛星打上げロケットの技術は共通する部分が多い。後部からガスを噴射して飛行する構造は基本的に同じであるが、ミサイルは高性能爆薬などの弾頭を装備し、ロケットには人工衛星や観測機器が搭載される。

　1957年にソ連がスプートニクの打ち上げに成功し、ICBMの開発で先頭に立った。米国は急いでICBMの開発に乗り出し、SLBMの増強も急ピッチで進めた。英国とフランスも核兵器を装着する弾道ミサイルを開発・配備し、ソ連に対する核抑止力として維持した。中国の弾道ミサイルの開発のペースは遅かった。これら5つの国は核実験を実施して核保有国となり、1968年に成立した核不拡散条約（NPT）では核兵器国という特権的地位を認められた。国連安保理の常任理事国である点でも、国際社会における五大国の地位は特別なものとされている。東西間の厳しい軍事対立と核軍拡競争が続くなかで、五大国の核弾道ミサイルは核戦争の危険性をはらんでいたが、実際に発射されることは一度もなかった。

　ソ連は冷戦に勝利する目的で、東側陣営の同盟国と友好国に積極的な軍事支援を行い、ソ連製のスカッド・ミサイルとその技術が第三世界に拡散した。途上国が保有した弾道ミサイルは、どれも通常弾頭を装着した弾道ミサイルであった。第4次中東戦争（1973年）中、エジプトはスカッド・ミサイルを使用してイスラエルを攻撃し、被害を与えた（シリアもスカッド・ミサイルでイスラエルを攻撃したが、命中精度が悪かった）。戦争後、イスラエルは弾道ミサイルを迎撃する防御システムの確保に向かう。イラン・イラク戦争（1980〜88年）では、両国とも弾道ミサイルを発射した。1988年にイラクがテヘランに対して行った弾道ミサイル攻撃は、イラン軍の士気に影響を及ぼして停戦受け入れの誘因になった。弾道ミサイルの威力は広く認識されたが、実際の使用例はさほど多くはなかった。弾道ミサイルを使用した途上国は核兵器を保有していなかったため、弾道ミサイルの脅威は今ほど深刻に認識されていなかった。

（2）冷戦後の弾道ミサイルの拡散

　冷戦が終わってから、いくつかの国が大量破壊兵器を開発している事実が分かり、弾道ミサイルのグローバルな拡散が起きていることが確認された。

第 8 章　弾道ミサイルの軍備管理

　イラクは冷戦終結の直後にクウェートに侵攻した。クウェートからの撤退を拒むイラクに圧力をかける目的で、米軍を中心とする多国籍軍が編成されたが、イラクは撤退しなかった。米国は武力行使による問題解決を検討したが、イラクが保有する化学兵器と弾道ミサイル（スカッド）の脅威が大きな懸念材料になった。湾岸戦争が起きると、イラクはイスラエルとサウジアラビアに向けてスカッド・ミサイルを発射したが、化学兵器は搭載されていなかった。弾道ミサイル攻撃による被害は限定的であったが、大量破壊兵器の運搬手段としての弾道ミサイルの脅威がクローズアップされた。

　北朝鮮は冷戦中にエジプトの支援を得ながら、ソ連から導入したスカッド・ミサイルを元にして自国の弾道ミサイル能力を高めていった。秘密裏に進めていた核開発計画が冷戦後に発覚し、国際社会から大きな圧力を受けたが、核計画を継続して核実験を強行した。北朝鮮は弾道ミサイルの発射実験を繰り返し、長射程の弾道ミサイルを開発している。北朝鮮は化学兵器も保有していると見られている。

　インドとパキスタンは1998年に相次いで核実験を行い、核兵器を保有した。両国とも弾道ミサイルを開発している。核弾頭の小型化技術がどこまで成熟度しているかは不明であるが、両国の弾道ミサイルは核兵器の運搬手段として開発・配備されていると見られる。印パは過去に何度も軍事衝突を繰り返しており、今日も軍事的緊張が解消されていない。核兵器と弾道ミサイルの増強は、南アジアの安全保障環境を悪化させている。

　イランは NPT の締約国であるが、自国で進めるウラン濃縮計画に対する国際原子力機関（IAEA）の査察に非協力的な対応を続けたため、核開発疑惑が浮上した。米欧6ヵ国との協議が2015年にまとまり、核問題はひとまず収まったが、イランは弾道ミサイルの開発と実験を続けている。イランは、イスラエルに届く射程の弾道ミサイルをすでに保有しており、中東地域の不安定要因になっている。

（3）弾道ミサイルの脅威をどう見るか

　弾道ミサイルを既に保有している国と、短期間に保有可能な国は、世界全体で三十数ヵ国あると見られている。弾道ミサイルの規模と能力で見ると、国連安保理の常任理事国の位置づけが突出している。米ロは最大規模

の弾道ミサイルを保有しており、今でも核超大国である。英国、フランス、中国の弾道ミサイルの規模と能力も、途上国よりはるかに大きい。軍縮平和論の立場では、これら五大国の弾道ミサイルと核兵器の大幅削減が率先して進められるべき課題であろう。国際社会の現実の脅威を重視する軍備管理論の観点からみると、五大国の弾道ミサイルには冷戦という時代背景があり、今日の安全保障環境を脅かす可能性は小さい。国際社会の安全を脅かしているのは、冷戦後に大量破壊兵器と弾道ミサイルを開発し、今も増強を続けている国である。

　弾道ミサイルの拡散の原因はいくつかある。冷戦中にソ連が途上国に対して弾道ミサイルとその技術を供与したこと、弾道ミサイルの製造コストが比較的安いこと、技術先進国から途上国への輸出などの様々な要因が絡んでいる。弾道ミサイルの開発・保有の動機も多様である。国軍のパレードなどで、自国が実験に成功した弾道ミサイルを展示する国は、国家のパワーと威信や、対立する近隣諸国に対する牽制などの動機があると思われる。最も懸念される動機は、大量破壊兵器の運搬手段としての利用である。

　冷戦後に核兵器を保有した3つの国（北朝鮮、インド、パキスタン）は、核開発と並行して弾道ミサイルを開発していた。航空機は相手国の防空システムによって撃墜される可能性があるが、弾道ミサイルの迎撃は難しい。大量破壊兵器を搭載した弾道ミサイルは、命中精度があまり高くなくても、相手国の領土に届けば大きなダメージを与えられる。大量破壊兵器と弾道ミサイルの開発をリンクして進めている国が、国際社会の懸念と批判を高めているのである。

　弾道ミサイルの拡散は、世界の安全保障を脅かす重大な脅威である。イラクが弾道ミサイルを保有していたことが、湾岸戦争のリスクを大きくした。湾岸戦争後のイラクに弾道ミサイルが残存していると米国が思い込んだことが、イラク戦争（2003年）の原因になった。冷戦後、弾道ミサイルの拡散防止に向けて様々な国際努力が進められてきたが、拡散は止まっていない。北朝鮮は、かつてはソ連の弾道ミサイルを国内で技術改良する途上国であったが、今では自国で生産した弾道ミサイルをパキスタン、イラン、シリアなどに輸出するところまで技術力を高めた。先進国は弾道ミサイルの輸出管理の協力を行っているが、途上国間で弾道ミサイルの取引が行われている。弾道ミサイルは量的に拡散しているだけでなく、射程の延

第8章　弾道ミサイルの軍備管理

び、命中精度、兵器の信頼性などの質的な向上も続いている。

２．弾道ミサイルの国際規制

　米ソ（ロ）二国間には、核兵器を搭載した弾道ミサイルを規制する条約が成立しているが、弾道ミサイルのみを対象にしたグローバルな多国間条約は成立したことがない。大量破壊兵器はすべて非人道的な兵器とみなされ、「大量破壊兵器を拡散させてはならない」という共通認識が世界にあるが、弾道ミサイルは大量破壊兵器ほどにはタブー視されておらず、弾道ミサイルの軍備管理はまだ十分に制度化されていない。

（１）ミサイル技術輸出管理レジーム（MTCR）

　ミサイル技術輸出管理レジーム（MTCR）は、弾道ミサイルの不拡散を目的とした輸出管理に関する国家間の協力措置である。西側先進7ヵ国（米、英、仏、独、伊、加、日）が集まって1987年に正式に発足したが、1980年代前半から米国は関係国と内々に話を進めていた。当時の米国は、ソ連、中国、イスラエルのミサイル及びミサイル技術の輸出を気にしていた。特に問題視されたのは、中国の途上国へのミサイル輸出が急速に増え始めたことであった。中国は友好国のパキスタンに弾道ミサイルとその技術を移転するだけでなく、米国の「お得意様」であるサウジアラビアにまで弾道ミサイルを輸出して外貨を稼ぐようになった。イスラエルも南アフリカなどにミサイルを輸出して外貨を獲得していた。米国の関心はこの三国のミサイル輸出に向けられていた。MTCR の発足を G-7 諸国でアナウンスした日（1987年4月16日）に、米国政府はこれら三国と特別の会合を設定して MTCR の趣旨を説明している*1。

　MTCR が発足した当時は、弾道ミサイルが核兵器の運搬手段になることが警戒されていた。MTCR の輸出管理は、ガイドラインと附属書に沿って実施される。ガイドラインは MTCR の目的を示し、参加国とガイドライン遵守国に対して規制の指針を与えている。附属書は、輸出規制を受ける広範な品目を2つのカテゴリーに分類している。カテゴリーⅠは、大量破壊兵器の運搬に使われる懸念の大きいミサイルの装備と技術であり、

原則として輸出が禁止されている。搭載能力500kg以上、射程300km以上のロケット・システム、無人航空機システム（UAV）、ロケットの各段、再突入体、ロケット推進装置、誘導装置等のサブシステムが対象とされる。カテゴリーIIは、一般的にはミサイル以外に使われている製品や技術であり、大量破壊兵器の運搬に利用されるリスクの有無が慎重に審査され、輸出の可否が判断される。推進薬や構造材料、ジェットエンジン、加速度計、ジャイロスコープ、発射支援装置、誘導関連機器などである。カテゴリーIとIIに例示されていない品目であっても、輸出すれば大量破壊兵器用のミサイルに利用される恐れがあると判断されるときは、加盟国は輸出してはならないとされている*2。

　MTCRは、参加国の自発的かつ協調的な行動を通じて、弾道ミサイルの不拡散の達成を目指す制度である。参加国は自国の法律を整備して輸出管理を行うが、法的な拘束力も違反に対する罰則もなく、「紳士協定」のような制度である。参加国は、弾道ミサイル関連の技術あるいは部品を輸出する際、輸出の相手先の状況に特別な注意を払うことが求められている。輸出した部品などが、大量破壊兵器を搭載可能なミサイルに転用されないこと、表明された輸入目的以外には使用されないことが確認されなければならず、輸入した資機材を他の目的に使用しないことと、第三国に無断で移転しないことを確約する書簡をとりつける必要がある。

　湾岸戦争後、化学兵器と生物兵器の拡散に対する脅威認識が高まり、MTCRの規制対象が化学兵器と生物兵器にも拡大された。大量破壊兵器の運搬手段になり得るミサイルおよび関連汎用品・技術をすべて規制対象に含める形で、MTCRガイドラインの改正が行われた。「9.11テロ」を受け、テロリストへのミサイルとミサイル技術の移転防止も重要課題の一つとしてガイドラインに追加された。冷戦後、ロシア、ウクライナ、アルゼンチン、ブラジルなどがMTCRに加わり、参加国は34ヵ国まで増えた。中国、インド、パキスタン、イラン、北朝鮮はまだ参加していない。参加国の持ち回り形式で、年に一度、会合が開催される。

　MTCRを通じた輸出管理措置は、一定の成果を出したといわれている。アルゼンチン、エジプト、イラクの三国が1980年代に進めていた弾道ミサイル開発計画は、MTCRによってブレーキがかかった。リビアとシリアの弾道ミサイル計画も、MTCRの影響を受けて遅れたといわれている。

第8章　弾道ミサイルの軍備管理

冷戦時代に弾道ミサイルの拡散競争を続けたアルゼンチンとブラジルは政策を変更し、MTCR の参加国になった。MTCR の活動は中国に一定のプレッシャーを与えたと見られる。中国は MTCR のガイドラインを遵守することを表明し、核兵器を搭載できる弾道ミサイルの製造につながる輸出はしないことを2000年に宣言した。ロシアは MTCR に参加し、以前より弾道ミサイルの輸出管理に前向きに対応するようになった（ただし、ロシアの弾道ミサイルや部品が途上国に流出しているという噂は絶えない）。

近年のグローバリゼーションの進展によって、弾道ミサイルの技術や材料の入手が容易になっているが、それでも途上国が自国の技術基盤のみで弾道ミサイルを開発・製造することは容易ではない。MTCR を通じた輸出管理には、一定の効果が期待されるが、北朝鮮のように既に弾道ミサイルの技術力を持っている国に対しては MTCR の効果はほとんど及ばない。また、MTCR に参加していない途上国が、北朝鮮のような国から弾道ミサイルと関連技術を輸入することは阻止し難い。

冷戦後に参加国が増えたといっても、34ヵ国という参加国の数では MTCR はグローバルな軍備管理制度とはいえない。しかも、弾道ミサイルの先進国である中国とインドが MTCR に参加していない。制度の発足経緯が示すように、MTCR のコアにあるのは西側先進国間の協力である。途上国のなかには、「MTCR 加盟国はわれわれを疎外している」という感情を持つ国が少なくない。輸出管理の国際協力は今後も重要であるが、MTCR の効果には限界がある。

（2）ハーグ行動規範（HCOC）

冷戦後に弾道ミサイルの拡散が続くなか、MTCR 参加国は不参加国を取り込む新しい国際的な枠組みを創設する検討を行った。MTCR 内の議論がまとまった後、MTCR の外にいた国々の参加を得て協議が行われ、2002年11月にハーグで93ヵ国の賛同を得た文書が採択された。この文書とそれに基づく措置がハーグ行動規範（HCOC）と呼ばれる。HCOC は、弾道ミサイルの拡散の防止を目的とする多国間の協議と協力の枠組みである。

HCOC の前文では、「大量破壊兵器を運搬する能力を持つ弾道ミサイルの拡散は世界の安全保障を脅かす」と述べられ、本文では HCOC 参加国が守るべき原則の一つとして「弾道ミサイルの不拡散に向けた国際努力」

が記載された。宇宙の平和利用が許されることを確認した上で、「弾道ミサイルの拡散につながる宇宙の利用は許されない」ことも原則の一つとされた。弾道ミサイルの不拡散のために実施される措置として、弾道ミサイルの開発、実験、配備を最大限に自制することと、弾道ミサイルの保有国は、世界の安全保障のために弾道ミサイルの保有数を可能な範囲で制限することが定められた。HCOC は、弾道ミサイルが「現在以上に拡散すること」は国際安全保障を脅かすため認めないが、現存する弾道ミサイルの削減あるいは廃棄を義務付けるものではない。

　HCOC 参加国には、外国の弾道ミサイル計画を支援しないことに加えて、衛星打ち上げロケット（SLV）を開発している国に対して技術協力を行うときには、弾道ミサイル計画に利用されぬように十分に注意することが求められた。ロケットの技術は弾道ミサイル技術と共通するところが多いため、非軍事目的のロケットの開発を通じて弾道ミサイルの増強や拡散が進まないように注意するという趣旨である。

　HCOC では、弾道ミサイルの開発保有状況の情報を共有して透明性を高めることが、国家間の信頼醸成（CBM）の構築に役立つとされ、弾道ミサイル計画の実態（兵器システムの概要や保有数など）を毎年報告することと、発射実験の時期と場所の事前通告を行うことが定められた。衛星打ち上げロケットについては、同様の情報提供に加えて、参加国が自由意思により発射場に外国のオブザーバーを立ち合わせることも想定されている。弾道ミサイルと衛星打ち上げロケットに関する情報の交換についても定められた。

　HCOC への参加はどの国でも可能であり、参加国は130を超えている。毎年、定期会合が開かれ、議長国の任期は1年である。オーストリア政府が「中央連絡国」として事務局の役割を果たしており、参加国の情報受領の窓口になっている。

　HCOC の意義は、「弾道ミサイルの拡散を許してはならない」という行動規範を明示し、それに130を超える国の同意を集めたことである。米国を中心に西側先進国は弾道ミサイルの拡散の脅威を強調してきたが、そのような問題設定に世界の国々がどこまで賛同しているかは不明確であった。MTCR に参加国せず、MTCR に反発していた多数の途上国を引き入れ、弾道ミサイルの不拡散という共通目標を設定したことは意味がある。新た

第8章　弾道ミサイルの軍備管理

に弾道ミサイルを保有しようとする国に対して、130ヵ国が賛同し尊重している行動規範に反していると抗議する根拠ができた。しかし、参加国が多いといっても、国際社会が問題視している国（北朝鮮、インド、パキスタン、イラン、イスラエル）が HCOC に入っておらず、中国もまだ参加していない（インドとパキスタンの間では、このような CBM は以前から二国間で行われている）。

　透明性の向上や発射実験の事前通告が国際ルールになったことは、弾道ミサイルの不拡散の環境作りの一つとして評価されるが、HCOC に参加しても、自国の安全保障のために必要であれば、弾道ミサイルの開発、実験、配備を行うことは可能であり、現存する弾道ミサイルを保持し続けることも許される。弾道ミサイルの削減への直接的な効果は期待できない。HCOC は MTCR を補強する面はあるが、既に述べたとおり MTCR の効果は限定的である。

（3）大量破壊兵器と弾道ミサイルの不拡散措置

　ミサイル技術輸出管理レジーム（MTCR）やハーグ行動規範（HCOC）のように弾道ミサイルに特定されたものではないが、テロの脅威の拡大への対策として登場した「拡散防止構想」（PSI）と安保理決議1540号は、大量破壊兵器と弾道ミサイルの拡散防止を目的としている。

　PSI は、ブッシュ大統領が2003年に行った提案から始まったもので、大量破壊兵器の関連資機材の不法移転に対処するための多国間協力である。北朝鮮の貨物船によるイエメンへのミサイル密輸事件（2002年）が契機となり、大量破壊兵器の関連物資を運搬している船舶を見つけた場合、公海上で臨検措置を行う多国間協力の仕組みが作られた。拡散の現場を強制的に取り押さえる臨検は、国家間の外交協議を通じて行う軍備管理とは性格が異なるが、拡大するテロの脅威に効果的に対処するためには従来の軍備管理だけでは足りない。PSI 参加国は合同訓練を実施し、情報の収集・交換を行っている。リビア向けの遠心分離機部品の移転が PSI を通じて発見され、カーン博士による核の闇市場が摘発された。今日では90を越える国が PSI に参加・協力している。

　PSI が成果を出すためには、正確な情報収集と迅速な行動が必要になるが、核拡散の疑惑国に出入りするすべての船舶の積荷を正確に把握するこ

とは容易ではない。密輸に関与するテロリストやその協力者たちが、陸路や空路を利用する可能性もある。

　安保理決議1540号も、大量破壊兵器と弾道ミサイルの不拡散を目的とした取り組みである。「9.11テロ」後の米国では、次は大量破壊兵器を使ったテロ攻撃を受けるのではないかという不安が高まった。ブッシュ大統領の国連総会での演説（2003年9月）を受けて、安保理決議第1540号が2004年4月に全会一致で採択された。この決議によって、すべての国連加盟国は大量破壊兵器と弾道ミサイルの関連物資の安全を確保し、これらの防護措置、輸出、通過、積換、再輸出等に関して適切な法令の制定と執行を行わなければならなくなった。

　安保理決議1540号を世界の国々が着実に実施すれば、大量破壊兵器と弾道ミサイルの製造に利用され得る物資が今までより厳格に管理・監視され、不拡散体制が強化されるはずである。しかし、安保理の決議で国連加盟国の義務をいかに明確に定めても、すべての国が要請どおり行動するとは限らず、実際、輸出管理をはじめ国内の法整備が遅れている国が少なくない。世界各国は国内措置の着実な実行を急ぐ必要があるが、このような取り組みがなされても、テロリストが規制の網を巧妙にかいくぐる可能性は残る。

3．弾道ミサイルの軍備管理の課題

　米欧を中心に先進国の安全保障専門家は、途上国の弾道ミサイルの拡散が国際安全保障の重要課題として議論しているが、国連安保理の五大国も弾道ミサイルを保有しており、核兵器の軍備管理と同様に「二重基準」の問題がある。弾道ミサイルと宇宙開発との関連性や、ミサイル防衛が他の領域の軍備管理に及ぼす影響などもあるため、弾道ミサイルの軍備管理の課題は複雑に入り組んでいる。

（1）国際規範の曖昧さ
　核兵器、化学兵器、生物兵器にはそれぞれ規制条約が存在し、世界の大多数の国が締約国となっているが、弾道ミサイルの不拡散にコミットするグローバルな多国間条約は存在しない。大量破壊兵器には、「持つべきで

第8章　弾道ミサイルの軍備管理

はない。拡散させてはならない」という国際規範がある。大量破壊兵器を保有する国は、何らかの理由をつけて、「好ましくはないが、現状では持たざるを得ない」というスタンスをとることが多い。弾道ミサイルを「拡散させないように努力すること」は、ハーグ行動規範（HCOC）によって国際ルールとなったが、弾道ミサイルを「持っていること」に対しては、大量破壊兵器に対して向けられるほどの国際的非難はない。弾道ミサイルを保有する国のほうにも後ろめたさはなく、インドやパキスタンの国軍のパレードでの展示などを見ると、むしろ誇らしさを感じているように見える。弾道ミサイルの不拡散に関する国際規範は曖昧なものである。

　弾道ミサイルを保有する国々の関係は複雑である。米国は、途上国を対象にした弾道ミサイルの不拡散問題にリーダーシップを発揮しているが、米国を中心とした軍備管理措置に従わない国がある。弾道ミサイル先進国と途上国の対立という構図も存在するが、ミサイル技術の先進国である中国とロシアが米国と対立することも多い。米国と協力関係にあるインドも弾道ミサイルの規制には消極的で、ミサイル技術輸出管理レジーム（MTCR）にもハーグ行動規範（HCOC）にも入っていない。このような複雑な国家関係が、弾道ミサイルの不拡散の国際規範を曖昧にさせている。

（2）ロシアと中国の対応

　グローバルな安全保障問題に関して米国と中ロ二国の間に摩擦が生ずることが多いが、弾道ミサイルの拡散問題もその一つであり、その起源は冷戦時代に遡る。ソ連は東側陣営の多数の同盟国と友好国にスカッド・ミサイルを提供し、軍事的結びつきを強めた。冷戦中のイラクとイランの弾道ミサイル開発は、ソ連の技術支援を得て進められたといわれる。冷戦後、ロシアはMTCRとHCOCに参加し、弾道ミサイルの不拡散にコミットしているが、冷戦時代に構築された武器輸出と軍事協力の関係は今でも継続している。石油資源大国であるイランは、ロシア製の兵器（通常兵器）を大量に輸入している。イランの弾道ミサイル開発に、ロシアがどこまで関与しているかについて様々な憶測がある。

　中国は長年にわたり、パキスタンとイランの弾道ミサイル開発を支援してきた。中国のミサイル輸出を懸念した米国は経済制裁を何度も発動したため、ミサイル輸出問題は米中間の懸案になってきた。中国はMTCRの

ガイドラインを守ると表明し、弾道ミサイルの不拡散への協力姿勢を示しているが、MTCRに正式に参加していない。

　武器の輸出は秘密裡に行われることが多く、弾道ミサイルやその部品（コンポーネント）の国際移転の実態は分かりにくい。国家が不拡散を目的として輸出管理を実施していても、監視の網をすり抜けて輸出が行わることもある。武器取引が長年行われると、互いの軍や軍関係者の間には、部品供給、訓練・支援、新兵器の開発など様々な面で密接な関係が培われ、切っても切れない「腐れ縁」のようなものができるといわれる。ロシアと中国のような政治体制の国では、マス・メディアの報道機能と批判機能が十分ではない。弾道ミサイルに限らず、ロシアと中国の武器輸出の不透明性は問題である。

（3）巡航ミサイルの拡散

　近年、世界の軍備管理専門家が注目する問題の一つに巡航ミサイルの拡散がある。巡航ミサイルは、飛行の大部分を動力飛行する有翼ミサイル（無人の小型ジェット機）である。地上発射はもちろんのこと、航空機、水上艦艇、潜水艦などからも発射可能で、地上目標、水上艦艇、軍用機などさまざまなターゲットを攻撃できる。通常弾頭だけでなく、大量破壊兵器の運搬手段にもなり得る。化学兵器や生物兵器の運搬手段としては、弾道ミサイルより巡航ミサイルのほうが適しているという専門家の指摘がある*3。飛翔速度は、時速150キロの低速のものから、音速の3倍の高速のものまで多様である。射程は短距離（戦術的使用）のものから、数千キロのものまである。命中精度が高く、重要目標に対するピンポイント攻撃が可能である。

　巡航ミサイルの開発で先頭を走っているのは米ロであるが、過去10年間、巡航ミサイルを開発保有している国が増えている。中国、インド、パキスタン、イスラエルなどの巡航ミサイル能力が高まっており、各地域の安全保障環境を複雑にしている。MTCRには巡航ミサイルの輸出管理も対象にされているが、HCOCは弾道ミサイルのみを対象とした行動規範であり、巡航ミサイルの位置づけは問われていない。米国の軍備管理コミュニティには、巡航ミサイルにも何らかの規制を検討すべきであるという見解が見られる*4。米国は湾岸戦争（1991年）とイラク戦争（2003年）で、巡

第8章　弾道ミサイルの軍備管理

航ミサイル（トマホーク）を効果的に使用した。巡航ミサイルは米軍の切り札の一つであり、米国の国防関係者は巡航ミサイルの規制に関心が薄いが、巡航ミサイルの拡散問題は今後重要になると思われる。

（4）ミサイル防衛計画の含意

　弾道ミサイルの脅威への対抗策として、米国は弾道ミサイルを迎撃するミサイル防衛システムを自国本土と同盟国・友好国に配備している（配備を検討中の国もある）。このミサイル防衛計画が、米ロ間の戦略核削減交渉の阻害要因になることがある。冷戦時代のソ連は弾道弾迎撃ミサイル（ABM）で米国と開発競争を行ったことがあるが、今日のロシアにはミサイル防衛システムの開発で米国と張り合う力はない。ロシアは核攻撃戦力と防御システムの全体的な戦略バランスで格差が広がることを警戒し、ミサイル防衛をイシューとして取り上げるため、本来の交渉目的である両国の核兵器削減の協議が進まないことがある。

　中国も、米国と同盟国のミサイル防衛能力が高まることに強い反発を見せる。中国のミサイル防衛能力は、ロシアよりさらに劣るため、米国及び同盟国との軍事バランスへの影響を警戒している。米国と同盟国にとっては、ミサイル防衛は自国の安全のために必要な兵器であるが、ロシアと中国から見れば、「矛」（核戦力と通常戦力）で優位な米国が、「盾」（ミサイル防衛）を持つことで、より強い姿勢で向かってくると警戒する。

　ミサイル防衛をめぐる米ロ間と米中間の軋轢は、軍備管理問題にマイナスの効果を及ぼしている。しかし、そのことを理由にしてミサイル防衛計画の必要性をトーンダウンするのは本末転倒であると思われる。ミサイル防衛は弾道ミサイル脅威への数少ない対抗策の一つである。脅威をもたらしている国の弾道ミサイル基地を空爆するという選択肢もあり得るが、そのような攻撃力を前面に押し出せば軍事的緊張はさらに高まり、軍拡競争を激化させると考えられる。

（5）宇宙開発との関係

　近年、宇宙開発を進める国が多くなり、そのなかには弾道ミサイルの拡散国が含まれている。インドは宇宙開発先進国の仲間入りを果たしており、長期的な宇宙開発計画を進めている。イランは遅れて宇宙開発に乗り出し

たが、人工衛星の打ち上げに成功している。宇宙利用が世界的に広がり、宇宙開発競争が激しくなっているが、ロケットと弾道ミサイルの技術基盤には共通点が多いため、宇宙開発を通じて弾道ミサイル技術も拡散していく。

　ある国が平和目的の宇宙開発の一環としてロケットの実験を行っているのか、軍事目的の弾道ミサイルの実験なのか、外部からは判別しにくい。人工衛星は何日間も軌道を周回するため、すべてのコンポーネントとシステムが完璧に作動する必要があり、天候などに少しでも不安があれば発射が延期される。弾道ミサイルは、有事の際に想定される様々な環境（例えば悪天候）において確実かつ迅速に発射される必要があり、発射実験を何度も行う必要がある。このような運用上の相違はあるが、国家の真の狙いを外部から判断することは困難である。専門家によると、宇宙ロケットの開発から得られた知見やデータが弾道ミサイルに役立てられることよりも、弾道ミサイルの開発を先行させ、そこから得られた知見やデータを宇宙ロケットに利用する例が多いという（米ソの宇宙ロケットの打ち上げは、その前に進展した弾道ミサイルの開発の成果が利用された）*5。MTCR と HCOC では、宇宙開発を通じた弾道ミサイルの増強と拡散のルートが問題にされているが、宇宙開発が「隠れ蓑」として利用される可能性がある。

*1 Richard Speier, Rober Gallucci, Robbie Sabel, Viktor Mizin, "Iran-Russia Missile Cooperation,"Joseph Cirincione and Kathleen Newland, eds., *Repairing the Regime: Preventing the Spread of Weapons of Mass Destruction*, Carnegie Endowment for International Peace and Routledge, May 2000.
*2 MTCR における規制の内容については、Missile Technology Control Regime（MTCR）Annex Handbook に詳細な記載がある。
*3 Steve Fetter, "Ballistic Missiles and Weapons of Mass Destruction: What Is the Threat? What Should Be Done?" *International Security*, Summer 1991. John R. Harvey,"Regional Ballistic Missiles and Advanced Strike Aircraft: Comparing Military Effectiveness," *International Security*, Fall 1992.
*4 Dennis M. Gormley, "The Neglected Dimension: Controlling Cruise Missile Proliferation," *The Nonproliferation Review*, Summer 2002.

＊5 Michael Elleman, "Banning Long-Range Missiles in the Middle East: A First Step for Regional Arms Control," *Arms Control Today*, May 2012.

第9章
通常兵器の軍備管理

　古代から現代までほとんど全ての戦争は通常兵器で戦われ、大量破壊兵器の使用は例外的少数である。通常兵器の種類は非常に多いにもかかわらず、通常兵器の軍備管理・軍縮条約の数が限定されているのは何故なのか。通常兵器の軍備管理は、大量破壊兵器の軍備管理とどこが異なるのか。

1．通常兵器と防衛政策

（1）通常兵器と大量破壊兵器
　現在の国際社会の仕組みは、ヨーロッパで17世紀に形成された近代国家システムが土台になっている。近代国家は、軍隊及び軍備と一体のものとして誕生した。対外的独立の維持と外国の武力侵略の排除は、国家の最も基本的な目的であり、それを実現する手段として軍備は不可欠のものとされた。当時はまだ大量破壊兵器は登場しておらず、すべての兵器は通常兵器であった。通常兵器は国家の自衛権と結びつき、通常兵器の保有は国際法的に合法とされた。技術の発達によって様々な種類の兵器が作られ、19世紀後半になると、一部の兵器の非人道性（無意味に苦痛を与えて死に至らせる）が問題視され、その禁止が明文化された。しかし、国家の防衛のために必要な兵器は規制しないという原則は維持された。
　第一次世界大戦中に使用された化学兵器は、人間を無差別に大量殺戮する非人道的な兵器とみなされ、国防のための通常兵器とは別のカテゴリーに分類された。その後に登場した核兵器と生物兵器が一括りにされ、大量破壊兵器と呼ばれるようになった。兵器の種類は無数にあるが、人として見るに堪えないむごい死や悲惨な姿をもたらす兵器に対して、人類は理屈抜きで生理的に嫌悪する。すべての兵器は殺傷力を持つ点で、どの兵器を非人道的とみなすかの基準は曖昧であるが（人道的な兵器というものは存在

157

しない)、人間の感性によって大量破壊兵器と一部の通常兵器が非人道的兵器とみなされているものと考えられる。

　今日、通常兵器という言葉は、大量破壊兵器の対置概念として使われている。大量破壊兵器以外の兵器は、すべて通常兵器ということになる。大量破壊兵器には世界の大多数の国が加入している規制条約があり、大量破壊兵器は国際社会の安全を脅かすという認識が、それぞれの条約で示されている。通常兵器は、17世紀から今日まで、国家の安全のために必要なものと位置づけられている。国家の個別的自衛権と集団的自衛権が国連憲章の第51条で定められており、外国からの武力侵略を撃退し、軍事的な威圧に屈しないために軍隊と兵器が必要なことは国際社会の共通の認識とされている。軍備管理あるいは軍縮の対象になっているのは、非人道性が高いと国際社会がみなす兵器である。

(2) 通常兵器の開発

　21世紀に入っても、国家間で戦争が起こる可能性は消えておらず、対立する国家間の間に軍拡競争の力学が働く。軍事的に劣勢な国は、敵対国との格差を縮めようと努め、優勢な国は格差が縮まることに不安を抱き、それぞれ軍備の増強に向かう。英国の軍事戦略家ジョン・フラー（John Fuller）は、「戦争の勝敗は99％、兵器で決まる」と述べている。国家間の戦争の可能性が消滅しない限り、通常兵器の開発競争を止めることは難しい。世界諸国の軍の主要装備（陸軍は戦車・装甲車・火砲、海軍は水上艦艇・潜水艦、空軍は各種軍用機）は、兵器システムとしての設計が成熟している。今まで見たこともない新兵器が登場することは考えにくい*1。通常兵器の技術進歩は、兵器の本体よりは周辺部の技術改良を中心に進められると予想される。

　通常兵器の開発は国家の資源投入を必要とし、関係国との軍事的緊張が高まるという側面がある。軍縮平和論者からは危険かつ無駄な愚行と批判されるが、国際社会の現実を見ると、通常兵器の能力は国家の安全にとって極めて重要であることを教える事例は多い。第1次～第3次の中東戦争で圧勝したイスラエルは自国の軍事的優位に自信を持ち、「イスラエル不敗」の神話が生まれた。しかし、第4次中東戦争（1973年）では、エジプト軍とシリア軍はソ連製の地対空ミサイルを使用してイスラエル空軍の戦

闘機を次々と撃墜し、イスラエルは国家存亡の危機に直面した。米国は湾岸戦争で圧倒的な勝利を収めた後も、兵器の改良を休みなく続けたことにより、次のイラク戦争を有利に戦うことができた。なかでも、ターゲティング、防護、暗視照準機などの技術改良がほどこされたエイブラムス戦車は、イラク戦争中に圧倒的なパフォーマンスを見せ、米軍兵士の被害を小さくした。

伝統的な国家間の戦争を念頭に置いた兵器開発だけでなく、「新しい戦争」に対処するための兵器も次々と開発されている。米国は、市街地のビルに潜むテロリストに対して、周辺の無害な市民に被害を与えずに攻撃を行える歩兵用の肩撃ちロケット・ランチャーを開発した。突入のための特殊な閃光弾、交戦地帯の検問所を強行突破する自動車を停止させる特殊なネット装置など、対テロ作戦の要請に応える新兵器の開発のために多くの資源とアイデアが投入されている。これらの通常兵器は、軍備管理の対象になっていない。

（3）通常兵器の貿易

武器貿易は古代から行われていたが、軍備管理の研究者によれば、自国の兵器が敵の手に渡ることを防止する試みもあったという。国家が武器輸出管理を定めた最古の史料は、フランク王国のカール大帝（在位768〜814）の時代に作成された文書であるという*2。中世ヨーロッパでは、トルコに敵対する国々がトルコへの武器輸出をしない約束を交わしたという話もある*3。武器取引の規模が大きくなり、武器の氾濫が世界の平和を脅かすのではないかと不安が高まったのは第一次世界大戦の前後からであり、この時期に「死の商人」（武器貿易商）という言葉が広まった。

第二次世界大戦に使用された通常兵器は、莫大な被害と死傷者を出したが、冷戦開始と同時に東西陣営間の軍拡競争が起こり、武器輸出を規制する国際制度は作られなかった。超大国米ソは自分の陣営の同盟国と友好国の防衛を支え、両国の武器輸出は世界の武器貿易の7割を占めた。冷戦後、世界の国々の国防費は大幅に削減され、武器輸出にも変化が起こる。ソ連の軍事産業を引き継いだロシアの武器輸出は低迷した。中国から武器を輸入していた途上国は、湾岸戦争で米国のハイテク兵器の威力を知り、中国製兵器の輸入を控えるようになった。その結果、世界の武器輸出の圧倒的

シェアを米国が握るようになった。米国以外では、ロシア、英国、フランス、中国などが武器輸出の実績が多い国である。これら5つの国は国連安保理の常任理事国である。

　武器貿易には様々な側面がある。輸出された武器が戦争で使われれば犠牲者を出す。武器輸出に関わる企業や人に対して、嫌悪感を持つ人は多い。一方、武器輸出がもたらす収益は、その国の防衛企業の技術基盤を強くする。武器輸出を行わない、あるいは武器輸出の規模が小さい国の防衛産業の対外競争力は弱くなり、その結果、自国が必要とする兵器を高い値段で外国から買うことになる。武器に限らず、輸入依存度が大きくなることには、マイナスの側面がある。自国の防衛に必要な兵器を自国で製造できない国にとっては、武器の輸入は生存と独立を守るために必要なものである。このように武器輸出には様々な国益が絡んでおり、「是か非か」の二者択一が難しい問題といえる。チェコ共和国の初代大統領ハベルはパルメ平和賞を受賞した人格者であり、「私が大統領になった以上、チェコは武器輸出を止める」と約束していたが、自国の政治と経済への影響など、総合的な国益を勘案した結果、武器輸出の規制を行うことを断念した。

2．通常兵器の軍縮条約

　数は少ないが、いくつかの通常兵器に関しては、その兵器の全廃を定めた多国間の軍縮条約が成立している。これらの条約の成立経緯と規制を概観し、国際安全保障への含意について述べる*4。

（1）特定通常兵器使用禁止制限条約（CCW）

　特定通常兵器使用禁止制限条約（CCW）は、非人道的な効果を有する特定の通常兵器の使用を禁止・制限する条約であり、1970年代の赤十字国際委員会（ICRC）の活動と国連の協力が推進力になって成立した。国連が開催した会議で条約案が作成され、1980年にジュネーブで採択された（1983年に発効）。使用が禁止される兵器の種類は、附属議定書に記載されている。第一議定書は、人体内に入った場合にX線で検出できないような破片で傷害を与える兵器の使用禁止を定めている。第二議定書は、地雷、ブー

第9章　通常兵器の軍備管理

ビートラップ及び他の類似の装置の一般住民・文民に対する使用、無差別的使用を禁止し、爆発性物質を内蔵し外見上無害にみえるものの使用を禁止する。第三議定書は、一般住民・非軍事物を焼夷兵器の攻撃目標とすること、人口密集地域内の軍事目標を空中散布の焼夷兵器の攻撃目標とすることを禁止する。その後、失明をもたらすレーザー兵器に関する第四議定書（1998年発効）と、爆発性戦争残存物に関する第五議定書（2006年発効）が追加された。条約の締約国は100ヵ国を超える。

（2）対人地雷禁止条約（オタワ条約）

対人地雷禁止条約は、冷戦後の紛争で多数の一般市民に悲惨な被害をもたらした対人地雷の全面禁止を求めた条約である。対人地雷は敵対勢力の行動の制約や戦意の喪失に大きな効果があるため、紛争地域に大量に設置された。内戦が起きた国では、政府軍だけでなく反政府勢力も対人地雷を使用した。小型で軽量であるため扱いやすく、安価で製造も容易であるが、戦闘中の兵士だけでなく、紛争終結後も一般市民に被害を及ぼす。

対人地雷禁止条約の成立の原動力となったのは、カナダを中心とする国々と国際NGOの連携であった。英国のダイアナ妃が熱心に行った地雷廃絶の呼びかけなども、国際世論を喚起する上で影響力があった。米国、ロシア、中国など、対人地雷を必要と考える大国は、このような条約作りの動きに対して消極的であったが、対人地雷の被害を早くなくそうとする国家と人々は大国を置き去りにして条約を作成し、1997年12月にオタワで署名された（1999年3月に発効）。

条約では、対人地雷の使用、開発、製造、入手、貯蔵、保有、移転はすべて禁止された。貯蔵されていた対人地雷を条約発効から4年以内に廃棄し、埋設されていた地雷を10年以内に除去することが定められた。条約の締約国は160を超えるが、米国、中国、ロシア、インド、韓国などは、国防政策上、対人地雷は必要であるとして、条約に参加していない。対人地雷の除去は、費用と技術を必要とする危険な作業であり、条約で定められた除去期限を守れない国もある。

（3）クラスター弾禁止条約

クラスター弾禁止条約はノルウェーのイニシアティヴに国際NGOが協

力して成立した条約であり、2008年12月に94ヵ国によって署名された（2010年8月に発効）。クラスター弾は、1発の爆弾の中に筒状の子爆弾200〜300個を収納した兵器であり、投下後に子爆弾が広く飛散して地上で爆発する。軍事目標の周辺にいる民間人にも被害を与え、紛争終結後の復興を妨げることなど、対人地雷と共通点があり、非人道性があるとみなされている。

ベトナム戦争中の米国、アフガニスタンから撤退したときのソ連、レバノンに侵攻したイスラエルが、クラスター弾を使用した。イラク戦争（2003年）中に使用されたときは、国際人権団体から、「人口密集地での使用は民間人への大量殺戮と等しい非人道的兵器である」と批判された。米国と英国はクラスター弾を使用した事実を認めたが、自軍の被害を未然に防ぐための兵器であるとして、使用の正当性を主張した。

クラスター弾禁止条約では、クラスター弾の使用、開発、製造、貯蔵、保有、移転が禁止され、発効後8年以内にすべての在庫を廃棄することが義務づけられた。クラスター弾を多数保有している国は、米国、ロシア、中国などであり、これらの国々は交渉に参加しなかった。条約が成立した後も、国防政策上、必要な兵器であるとして加盟していない。

（4）国際安全保障への含意

特定の通常兵器を規制した条約の意義、国際安全保障に及ぼす影響は、どのように考えればいいのだろうか。ヨーロッパ通常戦力条約（CFE）（注4を参照）は、冷戦中に行われた「中部ヨーロッパ相互兵力削減交渉（MBFR）を起源としており、条約の規定は冷戦時代の戦略環境と軍事バランスが前提とされている点で、時代遅れになっている（ロシアがCFEの規制に従おうとしないことは、その意味では当然といえる）。CCWの成立をもたらした赤十字国際委員会（ICRC）は、1863年に設立された組織である。セント・ピータースブルグ宣言（1868年）を源流とする、非人道的兵器の禁止の潮流が国連に届き、新しい成果物を生み出したと見ることができる。一方、CCWが成立する端緒となった国連の会議が開かれた時期（1979年〜1980年）は、世界が新冷戦へと移行する時期であった。軍縮の歴史にとってCCWは重要な一里塚であるが、国際政治の本流から外れて成立した条約である。

第9章　通常兵器の軍備管理

　対人地雷禁止条約は、多数の紛争地域であまりに多くの悲惨な被害者が出ていたことを考えると（1996年の時点で、対人地雷による文民の死傷者は毎年2万人を超えていた）、「人間の安全保障」（ヒューマン・セキュリティ）の観点から評価される。ただし、この条約の参加国は、対人地雷は自国の防衛政策には不可欠でないと判断したから加入したのであって、人道的配慮だけではない（ヨーロッパ諸国は、冷戦中のソ連の大規模な戦車・装甲車による奇襲攻撃のリスクがなくなったため、対人地雷は不要と判断した）。対人地雷が必要と考える国は条約への参加を見合わせている。クラスター弾禁止条約の成立は、対人地雷条約がもたらした、非人道的兵器の禁止運動のモメンタムに乗った面がある。

　3つの通常兵器の軍縮条約が成立した経緯は様々であるが、いずれも今後の国際安全保障に及ぼす影響は限定的であると考えられる。国際安全保障に大きなパワーを発揮する米国、ロシア、中国などの国が参加していない。非人道的兵器を禁止する国際努力が継続され、軍縮の輪がさらに大きく広がることを期待する人は少なくないが、対人地雷禁止条約とクラスター弾禁止条約の後に続くテーマはあまり多くはないのではないか。通常兵器の軍備管理・軍縮は、大量破壊兵器の軍備管理とは事情が異なっている。

3．通常兵器の輸出管理と関連措置

　大量破壊兵器の規制条約には、「大量破壊兵器を拡散させてはいけない」という国際規範が定められており、大量破壊兵器の輸出は包括的に禁止されている。核兵器に原子力供給国グループ（NSG）とザンガー委員会が、化学兵器と生物兵器にはオーストラリア・グループ（AG）という先進国の輸出管理制度がある。通常兵器の分野でも無秩序な輸出を防止するための国際努力が一定の成果を出している。

（1）ワッセナー・アレンジメント（WA）
　北大西洋条約機構（NATO）が結成された1949年に、米国は対共産圏輸出管理委員会（COCOM）という協議機関を発足させた。西側の民生品と技術をソ連・東欧諸国が軍事利用しないように、輸出管理で協力することが目

的であった。アイスランドを除く NATO の15ヵ国、日本、オーストラリアが COCOM に参加し、本部はパリに置かれた。COCOM は条約に基づかぬ非公式な組織であり、その存在と活動内容も非公開とされた。冷戦終結により東西の軍事対立が解消し、旧社会主義諸国の経済社会体制が転換されたため、COCOM を通じた輸出規制は時代に合わなくなり、1994年に解散した。

　ワッセナー・アレンジメント（WA）は、米、英、独、仏、ロ、日などを含む40ヵ国の間の協議を経て、1995年12月にワッセナー（オランダの町）で開かれた会合で設立が決まった。WA の発足を主導したのは米欧諸国であり、冷戦後に地域の安定を脅かす国に対する通常兵器と汎用品・技術の輸出管理を目的としている（本部はウィーン）。WA は特定の国家や国家群に向けられたものではないとされているが、米欧諸国の関心はイラク、北朝鮮、イラン、リビアなどの国々への兵器輸出をチェックすることにある。

　WA では、輸出規制の対象品目を列挙した2つのリストが作成されている。「汎用品リスト」には、兵器に利用される恐れのある機微な技術・材料が対象とされ、先端材料（超伝導材料、セラミック）、材料加工（工作機械、ロボット）を含む9つのカテゴリーに分類されている。「軍需品リスト」には小型武器、戦車・装甲車、水上艦艇・潜水艦を含む22項目の通常兵器が網羅されている。WA 参加国はこのリストに基づいて自国の法制度を整備し、輸出管理を実施することになっている。リストに掲載された機微な品目を輸出する国は、他の WA 参加国がその品目の輸出を過去に許可していなかった場合は、WA に通告しなければならない。

　WA はフォーマルな条約ではなく、参加国の自発的意志による「紳士協定」として運用される。規制される貨物や技術のリストと、リストに基づいて輸出管理を実施する際のガイドラインは参加国のコンセンサスに基づいて決定され、合意内容をどのように実施するかは各国政府の裁量に任されている。合意事項の遵守に関する検証制度は存在しない。41ヵ国が参加しているが、中国、インド、パキスタン、北朝鮮、イランは WA のメンバーではない。WA の仕組みと実態は、ミサイル輸出管理レジーム（MTCR）と似ている。参加国の数は MTCR より少し多いが、グローバルな国際ルールになっているとはいえない。中国が入っていないことも、MTCR と共通する問題点である。

第9章　通常兵器の軍備管理

（2）国連通常兵器登録制度（UNRCA）

　冷戦が終結した直後にイラクがクウェートに武力で侵略し、国連を中心とした国際社会の圧力を受けてもクウェートから撤退しなかったため、湾岸戦争へと発展した。このイラクの強硬な行動は、自国の強大な軍事力に対するサダム・フセインの自信が背景の一つになっていた。イラクはソ連と米欧から様々なルートで武器を輸入し、世界有数の軍事大国になっていた。無秩序で不透明な武器輸出を規制する必要が認識され、欧州連合（EU）諸国や日本などが中心になって、過剰な軍備の増強や非合法な武器取引を防止する方策が協議された。その結果、諸国家の軍備に関する情報の透明性を高める新制度作りが進められ、1992年1月に150ヵ国の賛成を得て国連通常兵器登録制度（UNRCA）が発足した。イラクとキューバは棄権し、中国とシリアは投票に参加しなかった。

　UNRCAは、国連加盟国が通常兵器の輸出入を毎年、国連に報告する制度である。参加国の登録は自発的に行われ、強制されることはない。登録の対象として7つのカテゴリー（①戦車、②装甲車、③大口径火砲システム、④戦闘用航空機、⑤攻撃用ヘリコプター、⑥軍用艦船、⑦ミサイル本体及びミサイル・システム）が設けられた。これらは世界の国軍の陸上戦力、航空戦力、海上戦力の根幹をなす主要装備（攻撃用兵器）であり、軍事的に緊張関係にある国家間において互いに脅威の源泉になる。登録対象となる兵器の仕様が具体的に記載されており、攻撃力が一般基準以下のものは対象外とされた（例えば、戦車の場合は重量16.5トン以上、砲弾は75ミリ以上）。UNRCAは信頼醸成措置（CBM）の一つであり、特定の兵器の削減を求めるものではない。

　国際連合広報センターは、「2010年までに173ヵ国以上の国々がデータを提出し、主要通常兵器のグローバルな取引の95パーセント以上を掌握していると推定される」としているが、把握できない秘密の武器取引がかなりあることは世界の軍事関係者の間では常識であり、透明性がどこまで高まったかの判断は難しい。UNRCAに加盟しながら登録を回避する国がいくつかある（エジプト、アンゴラ、アルジェリア、シリア、サウジアラビアなど）。中国は、台湾に対する米国の武器輸出に抗議して1997年に報告しなかった。ロシアも登録しないことがある。登録しない国に対する罰則はなく、登録されたデータの正確さを検証する仕組みは設けられていない。

UNRCA が発足した後で、小型武器のグローバルな拡散に国際的関心が高まり、小型武器の登録を自発的に行う国が増えたが、UNRCA の公式のカテゴリーとしてはまだ制度化されていない。

(3) 国連小型武器行動計画

　冷戦後、兵器ブローカーなどによって大量の小型武器が、内戦が頻発するアフリカ諸国や麻薬戦争が続く南米諸国に出回り、多数の犠牲者を出した。1994年12月、小型武器の不正取引の阻止と回収のための国際支援を行う決議が国連総会で採択された。2001年7月、小型武器の非合法取引に関する会議が国連で開催され、「国連小型武器行動計画」が採択された。同計画に参加した国は、小型武器の非合法輸出を取り締まる責任を負わされた。

　小型武器は、小火器と軽火器を併せた総称である。小火器は兵士1人で携帯・使用できる兵器であり、短銃や自動小銃、リボルバー、サブマシンガン、ロケット砲等が含まれる。軽火器は2～3人がチームとなって携行・使用する兵器であり、マシンガン、ポータブル・ミサイルランチャー（肩撃ち式ミサイル）、100ミリ以下の迫撃砲、グレネードランチャー（手榴弾発射装置）等が含まれる。

　国連小型武器行動計画は、前文、非合法取引規制に関する措置、国際協力と支援などで構成されている。小型武器の非合法取引の規制や、そのための法制度整備などを内容としている。具体的には、小型武器の製造にマーキング（刻印）を施し、それらが輸出されるときには再度マーキングを行うことが義務づけられることになった。国内の武器の製造、所有、移転に関する記録の作成と保管も義務とされた。2001年の採択以降、行動計画のフォローアップとして、小型武器管理強化のための制度・能力の構築支援や、小型武器回収と紛争の影響を受けた個人及びコミュニティへの支援などの国際努力が積み重ねられている。

　小型武器の非合法取引を防止することは重要であるが、武器取引の世界は、国家間の正規の貿易とは別に企業間の取引もあり、武装勢力や反政府グループ、テロ組織といった非公式な集団が暗躍する。多数のブローカーや代理人が関与する、特殊な世界である*5。小型武器は秘匿と運搬が容易であり、どこまで規制できるかは分からない。国連小型武器行動計画は、

第9章　通常兵器の軍備管理

合法的な輸出の規制を行うものではない。世界諸国の軍にとって小型武器は必要不可欠であり、小型武器の輸出入国は多い*6。対テロ作戦や国連の平和維持活動も、小型武器がなければ成り立たない。

（4）武器貿易条約（ATT）

　武器貿易条約（ATT）は、コスタリカのアリアス元大統領や世界的に著名な国際法学者たちが1990年代後半に行った提案に起源がある。通常兵器の軍縮に積極的な国々と国際 NGO が、国連通常兵器登録制度（UNRCA）の対象になっている主要装備を対象として、国際人権法や国際人道法に反する行為に使用される恐れのある取引を非合法化する国際条約の成立を主導した。武器輸出大国である米国、ロシア、中国などは、この動きに対して消極的な姿勢を示していたが、7ヵ国（コスタリカ、ケニア、フィンランド、オーストラリア、アルゼンチン、英国、日本）が共同で提出した条約案が2006年7月に国連総会に提出され、協議が積み重ねられた後、2013年3月に国連総会で採択された。154ヵ国が賛成、北朝鮮、イラン、シリアが反対、ロシアや中国など23ヵ国が棄権した。発効の要件とされた50ヵ国の批准を経て、ATTは2014年12月に発効した。

　ATT の目的は、通常兵器の非合法な取引の防止と根絶、闇市場への流出阻止、不正・無許可使用の防止、テロリストへの移転の阻止である。輸出入、仲介取引、通過、積み替えなど、通常兵器の移転のすべてが規制の対象とされた。規制の対象となる兵器は、①戦車、②装甲戦闘車両（装甲車）、③大口径火砲システム、④戦闘用航空機、⑤攻撃用ヘリコプター、⑥軍用艦船、⑦ミサイルと発射基、⑧小型武器の8種類である。①〜⑦はUNRCAの対象とされた兵器である。

　ATT の締約国は、自国から輸出される武器が輸出先の国や地域の平和と安全に寄与するか、それとも害になるか、国際人道法・国際人権法の重大な違反やテロ関連条約上の違反行為に使用されるか否かを評価し、平和と安全を脅かすリスクが大きいと判断した場合は輸出を許可してはならない。締約国は、武器の移転に関する規制リストなどの輸出管理制度を整備し、自国が行った武器輸出のデータ（数量、価格、型、輸出先など）を、ジュネーヴに設置された条約事務局に報告する。国連安保理が禁輸の対象とした国や、ジェノサイド（大量虐殺）などに使われることが分かっている

国に対しては輸出が禁止された。

　ATT の成立によって、それまで西側先進国が重視してきた国際人道法・国際人権法上の配慮が通常兵器の貿易の基準とされ、国際条約として明文化された。人権問題が存在する国に対する武器輸出を、国際社会のルール違反として今までより強く非難する素地ができた点は意義がある。しかし、ATT が武器輸出国に対してどこまで効果を及ぼすかは不確実である。米国は2013年9月に条約に署名したが、本書の執筆時点でまだ批准していない。ロシアと中国は署名もしていない。既述したように、多数の兵器ブローカーが関わる武器ビジネスの世界は複雑かつ不透明であり、条約の網を掻い潜った武器貿易が秘密裏に行われる可能性がある。

4．通常兵器の軍備管理の課題

　通常兵器は大量破壊兵器と位置づけが異なるため、軍備管理の歴史的展開と成果物として成立した軍縮条約の数は少なく、条約による規制の効果も限定的である。防衛政策を支える多数の通常兵器のなかで、何をどこまで規制するべきかという問題が入口に横たわっている。一方、通常兵器の開発競争を放置すれば国際安全保障に悪い影響を及ぼすことも間違いない。通常兵器の軍拡競争を緩和する方法が模索されなければならない。

（1）現状と将来展望

　通常兵器の国際規制の歴史を振り返ると、2つの流れが見てとれる。一つは、非人道的な兵器をタブー視し、非人道的な状況の出現を防ごうとする国際努力の流れである。近代国家の最初の軍縮の取り組みは、非人道的兵器の禁止から始まった。非人道的兵器を禁止する努力は、国家間の軍備競争を基調とする国際政治のなかで細い流れであったが、途切れることはなかった。特定通常兵器使用禁止制限条約（CCW）、対人地雷禁止条約、クラスター弾禁止条約はこの潮流の中で生まれた。非人道的な兵器とみなされていなくても、あまりに悲惨な状況が現出した場合は、通常兵器の規制に向けた人々が動き、国家を動かす。小型武器の大量流出に対応した国連の行動計画と、紛争国や人権問題国への武器輸出規制を行う武器貿易条

約（ATT）がその例である。
　もう一つの流れは、国防のために通常兵器を温存しようとする主権国家の対応であり、近代国家の成立以降の国際政治では、これが主流となっている。国家は、自国の軍事力の根幹をなす主要装備に国際規制の枠がはめられることに抵抗を示す。古い例としてワシントン海軍軍縮条約（1921年）に対する日本の反応をあげることができる。このような国家の体質は、昔も今も変わっていない。したがって、主要装備の国際規制は、国連通常兵器登録制度（UNRCA）のような輸出実績の透明性向上を通じた信頼醸成措置（CBM）が限度であると考えられる。UNRCAへの参加と登録が国家の自由意思とされているのは、それを義務化しても拒否されるからである。ワッセナー・アレンジメント（WA）のような輸出管理措置も、参加国間の緩やかな「紳士協定」として運用されている。ATTで定められた参加国の行動と義務は非合法取引を対象としたものであり、合法的な取引には及ばない。
　過去10～15年間に、今まで手つかず状態にあった通常兵器の国際規制に新しい展開が見られることは注目されるが、通常兵器の開発競争という大きな流れが止まることは考えにくい。主権国家が併存し、競争と対立が続く間は、国家間に戦争あるいは戦争の危機が起こる可能性がなくならないからである。世界諸国の主要装備は今後も維持され、通常兵器の貿易も継続すると考えられる。

（2）大国間対立の緩和
　通常兵器の軍備管理・軍縮は基本的に難しく、限定的な成果しか生まれないのであれば、世界の国々は自国の資源（人、予算、技術）が許す限り、通常兵器の開発を最大限に進めるしかないのだろうか。ここで重視すべきは、大国間の戦争が起こる可能性が小さくなってきていることである（第2章2で述べた）。古代から第二次世界大戦までの戦争は、その時代で最もパワー（軍事力と経済力）のある国の間の衝突によって引き起こされた。第二次大戦以降、このような大国間の本格的な軍事衝突は見られない。冷戦中、二つの超大国（米ソ）の間に軍事衝突が起こる危険は常にあったが、戦争は回避された。今日、米ロ間と米中間には軍事的対立があるが、戦争は起こっておらず、深刻な危機も発生していない。この三国の間に対立と

緊張を緩和できれば、通常兵器の開発競争にブレーキをかけられるかもしれない。

　米ロ中の国家指導者たちは、本格的な軍事衝突が起こる蓋然性は小さいと判断していると思われるが、にもかかわらず通常戦力の維持と近代化に莫大な費用を投じている。この矛盾と悪循環から抜け出す可能性はないのだろうか。三国は、軍事交流や情報交換のような CBM は実行している。米ロ間には戦略核兵器の規制交渉という軍備管理の枠組みがあり、国防責任者の間の対話の機会は少なくない。中国に関しては、オバマ大統領は就任した2009年から「米中戦略・経済対話」を開始した。開始当時は「米中新時代」の到来が期待されたが、両国は新たな関係を構築できていない。対立が解消しないのは、三国の国益や国家目標の間に基本的な食い違いが存在するからと思われる。一方、三国とも「新しい戦争」（テロとの戦い）の脅威に直面している。CBM のための努力を継続して現在の対立を緩和し、通常兵器の開発競争に投入されている資源を、「新しい戦争」に向けて有効活用すべきであると思われる。

（３）無人機（UAV）の登場

　無人機（UAV）は、人間の搭乗していない航空機であり、軍事用から民生用まで広い用途がある。米国はベトナム戦争中に偵察目的で利用したことがあるが、本格的に使用するようになったのは「9.11テロ」後の対テロ作戦においてである。UAV は、衛星などを利用して地上の施設から遠隔操作を行い、精密誘導兵器を使ってピンポイント攻撃を加えられる。有人機のようにパイロットが危険にさらされることがないため、米国はアフガニスタンやパキスタンの危険な地域での軍事作戦で UAV を頻繁に利用したが、誤爆（無害な市民の巻き添え）の多発、法的根拠の曖昧さ、反米感情の高まりなど、様々な問題が生まれている。人権問題を協議する国連総会第3委員会で無人機攻撃の問題が取り上げられたことがあり、今後、UAV の使用を規制するルール作りが行われる可能性がある。UAV は民生利用の範囲も広く、輸出入を通じて技術が急速に拡散している。現在は米国の技術レベルが群を抜いているが、近い将来、多数の国が UAV の開発と輸出で競い合う時代が来ると予想される。

　UAV の拡散は軍備管理の課題の一つになる。ミサイル輸出管理レジー

第9章　通常兵器の軍備管理

ム（MTCR）では、大量破壊兵器の運搬に使われ得るミサイルの装備と技術の輸出を禁止したカテゴリーIの中にUAVが含まれている。米国は対テロ作戦における情報収集や標的攻撃の目的を果たす通常兵器として利用しているが、大量破壊兵器の運搬手段として利用する国が出てくるかもしれない。UAVの市場は急速に拡大しており、UAVを開発する国は商業利益と安全保障の両立という問題に直面する。

＊1　第一次世界大戦中、英国が開発した装甲車がソンム戦線に初めて現れたとき、ドイツ軍兵士たちは度胆を抜かれた。濃い朝靄の中で奇妙な形をした鋼鉄の機械が、轟音をあげながら塹壕を乗り越え、弾丸を跳ね返して近づいて来るのを見て「悪魔が出た」と仰天したという。このようなタイプの通常兵器のサプライズは、今後は起こらないと思われる。
＊2　Burns, *Evolution of Arms Control*, p. 83.
＊3　Andrew J. Pierre, *Cascade of Arms: Managing Conventional Weapons of Proliferation*, Brookings Institution Press, 1997, p. 374.
＊4　やや特殊な事例として、NATOの16ヵ国と旧ワルシャワ条約機構国の14ヵ国が1990年11月に署名したヨーロッパ通常戦力条約（CFE）がある。CFEでは、戦車、装甲車、火砲、戦闘機、戦闘ヘリコプターの保有数の規制と廃棄が定められたが、冷戦後のNATO拡大に反発するロシアは同条約の内容にも強い不満を抱いたため、条約は適切に履行されなかった。1999年11月に新たに調印されたCFE適合条約の批准の遅れを理由に、ロシアは2007年にCFE条約の義務の履行停止を宣言した。
＊5　アンドルー・ファインスタイン『武器ビジネス--マネーと戦争の「最前線」』上下巻、原書房、2015年を参照。
＊6　小型武器の主な輸出国は米国、英国、フランス、ドイツ、ロシア、中国である。オーストラリア、カナダ、イタリア、ベルギー、ブラジル、スイスなども輸出している。輸入国は中東、アフリカ、南米の諸国である。

第10章
宇宙の軍備管理

　宇宙の開発が始まってから半世紀しか過ぎていないが、宇宙の利用は急速に進み、今日の国際安全保障にとって重要な問題を提起している。宇宙の軍備管理は、それ自体が重要なテーマであるだけでなく、他の分野の軍備管理にも影響を与えている。宇宙の軍備管理は大量破壊兵器や通常兵器の軍備管理と比べて、どのような特徴と問題点があるのか。将来、宇宙でも軍拡競争が起こるのだろうか。

1．宇宙開発と安全保障

(1) 宇宙開発の歴史
　1957年10月、ソ連は人類最初の人工衛星スプートニクを打ち上げた。先端技術の開発で世界の先頭を走っていると自負していた米国は、ソ連に先を越されたことに大きなショックを受け、国家の威信をかけて宇宙開発に邁進した。ソ連が世界最初の有人宇宙飛行に成功すると、米国はアポロ計画を立ち上げ、1969年7月に人類初の月面着陸を成功させる。冷戦が激化していくなかで、二つの超大国は相手を追い越そうと国を挙げて取り組み、熾烈な宇宙開発競争が続けられた。アポロ計画を達成した後の米国は、科学研究、気象や通信などの実利用、月や惑星の探査など幅広い分野で宇宙開発を行い、スペースシャトル計画や宇宙ステーション計画にも取り組んだ。ソ連も米国と張り合って宇宙開発を続けた。
　米ソは、1960年代初めから人工衛星（偵察衛星や通信衛星）を次々と打ち上げた。両国は偵察衛星で相手の軍事施設（特に核兵器の配備状況）を監視していたが、ソ連の防空能力が限られている間は、U-2偵察機によるソ連領土の監視が米国の有力なインテリジェンス情報の収集手段になっていた。ソ連が1960年にU-2偵察機を撃墜してから、偵察衛星が米国の情報収集

の主要な手段になる。

　米ソは1960年代に弾道弾迎撃ミサイル（ABM）を開発したが、第一次戦略兵器制限交渉（SALT-I）で成立したABM条約（1972年）において、宇宙空間に防衛システムを配備することを相互に禁止した。1980年代にレーガン政権が進めた戦略防衛構想（SDI）には、宇宙配備のレーザーの研究などが含まれていたため、ソ連の猛反発を招いたが、冷戦が終わるまでSDIは研究段階に留まった。

　米ソは、相手の人工衛星を攻撃する兵器（ASAT）の開発も行った。米国が開発したASATは戦闘機からミサイルを発射するタイプであり、ソ連のASATは自国の衛星を攻撃目標の衛星に接近・自爆させるものであった。両国のASAT実験が繰り返されるなか、軍備管理に積極的なカーター政権は宇宙の軍拡競争を封じ込める必要があると考え、ASATの規制を目的とした二国間協議の開始をソ連に提案した。ソ連は米国の提案に関心を示したが、1979年末のアフガニスタンに侵攻によって米国の対ソ政策が変わり、ASATの協議は本格的に進展せずに棚上げとなる。

　ソ連を「悪の帝国」と呼んだレーガン大統領は、ソ連との軍備管理交渉を急がなかったが、ソ連は米国のSDI計画の進展を阻止することを目的の一つとして、ASAT実験のモラトリアム（自粛）が含まれた宇宙兵器規制条約案を1981年と1983年に国連に提出した。対ソ不信が強かったレーガン政権はソ連の提案に応じようとしなかったが、当時、すでに問題視されていたデブリ問題（宇宙空間のゴミ）がASAT実験によって悪化することを米国の議会が重大視した。米国議会の説得と圧力を受けて、レーガン政権はASAT実験の停止に同意し、1986年以降、米ソはASAT実験のモラトリアムを実行することになった。冷戦中は、ASAT実験を行う国は米ソ以外になかったため、「ASATの実験は行わないこと」が国際社会の事実上のルールとされた。

　冷戦が終わり、ソ連の宇宙開発基盤はロシアに引き継がれたが、ロシアの宇宙計画は大幅に縮小され、米国に水をあけられた。宇宙能力において米国は単独トップを走ることになったが、近年、中国の宇宙開発が目覚ましく進展しており、宇宙開発競争の様相が変化している。中国は既に多数の衛星を打ち上げており、有人宇宙飛行にも成功した（米ソについで三番目）。中国は、独自の宇宙ステーション計画を立ち上げ、アジア太平洋宇

第10章　宇宙の軍備管理

宙協力機構を設立するなど、宇宙開発大国の道を歩み始めた。2007年には、老朽化した自国の気象衛星を弾道ミサイルで破壊して ASAT の能力を持っていることを実証した。

　冷戦後、宇宙開発を行う国の数が増えて国際競争が活発になってきた。日本の科学技術振興機構によれば、宇宙輸送（ロケットなど）、宇宙利用（衛星通信放送、地球観測、航行校測位など）、宇宙科学（天文観測など）、有人宇宙活動の4つの分野の技術力の総合評価は、①米国、②ヨーロッパ、③ロシア、④日本、⑤中国、⑥インド、⑦カナダの順位である。宇宙開発予算と人工衛星の運用数において、米国が第二位以下を大きく引き離している*1。このほかにも、ブラジル、オーストラリア、韓国など宇宙開発に積極的に取り組む国が増えており、途上国（パキスタン、北朝鮮、イランなど）も宇宙開発に参加しようとしている。宇宙開発競争には、外交、経済、技術、安全保障などの様々な側面があるが、軍備管理の観点から見ると、他の軍備管理の領域と同様に、米国、ロシア、中国の間の競争と摩擦が最も重要で困難な問題を生み出している。

（2）宇宙の軍事利用と平和利用

　冷戦中の米ソが激しい宇宙開発競争を続けたのは、相手から壊滅的な軍事攻撃を受ける可能性があり、軍事的に少しでも優位に立とうとしたからであった。つまり、宇宙開発は軍事目的で始まった。冷戦中に打ち上げられた人口衛星の約8割は軍事衛星であり、商業用衛星の打ち上げ数が軍事衛星を上回ったのは冷戦後である。米ソの偵察衛星は、相手国の軍事施設に対する日常的な監視と情報収集に使われただけでなく、両国が合意した軍備管理条約の検証手段として重要な役割を果たした。

　第一次戦略兵器制限交渉（SALT-I）の攻撃兵器暫定協定と ABM 条約では、条約の遵守を確認するために「国家の検証技術手段」（NTM）を用いることと、相手国の NTM の利用を妨害しないことが同意された。NTM は偵察衛星（スパイ衛星）を意味し、その後の米ソ（ロ）の核兵器規制条約においても重要な役割を果たす。他にも、通信衛星、気象衛星、航法衛星、電波情報を受信する衛星、早期警戒衛星（弾道ミサイル発射の探知に利用される）などが、軍事目的のために利用されてきた。

　宇宙の平和利用も軍事利用と並行して行われてきた。地球近傍の宇宙環

175

境観測、天文観測、月・惑星探査などのミッションは宇宙開発の初期から着手され、多くの成果を生み出している。近年、温室効果ガスの増大、酸性雨、エルニーニョ現象による異常気象などの地球環境問題が深刻化しており、衛星による地球観測から得られる情報の重要性が高まっている。気象、通信、放送などの分野で、民間企業による宇宙活動が1980年代後半から急速に拡大し始め、1990年代に入ると衛星打ち上げやリモート・センシング画像の販売まで行われるようになる。今日、通信・放送衛星、気象衛星、地球観測衛星、測位衛星など様々な衛星がわれわれの日常生活を支えている。

　宇宙の軍事利用と平和利用の境界は曖昧である。全地球測位システム（GPS）は自動車、船舶、航空機などの位置を確認すると同時に、ミサイルや戦車の位置を確認できる。GPSが最初に軍事利用されたのは湾岸戦争のときであり、「砂漠の嵐」作戦を遂行するうえで重要な役割を果たした。コソボに対する北大西洋条約機構（NATO）の空爆（1999年）の際、米軍の通信の80％は商業衛星を利用して行われた。米欧諸国では、軍事利用と平和利用を一括して'space assets'（「宇宙資産」あるいは「宇宙アセット」と訳される）という言葉で総称している。

（3）米国の国防政策と宇宙

　冷戦中の米国は常にソ連を意識して宇宙アセットを整備・改良していたが、宇宙アセットが実際の戦争で重要な役割を果たしたのは冷戦終結の直後に起きた湾岸戦争であった。多国籍軍の「砂漠の嵐」作戦を遂行する際の指揮、統制、通信のために、約60機の軍事衛星が利用されたといわれる。米国は偵察衛星でイラク軍に関する情報を収集し、通信衛星を使用して末端の部隊にまで伝達した。目標物が少ない砂漠地帯において、完璧なオペレーションを実行できたのは衛星を独占的に利用できたからである。自前の衛星を持たないイラク軍は多国籍軍に制空権を奪われ、多国籍軍の精密誘導兵器を使ったピンポイント攻撃に歯が立たなかった。衛星を中心とした指揮、統制、通信の機能のシステム化が迅速な勝利の鍵となったことで、湾岸戦争は「人類最初の宇宙戦争」と呼ばれる。

　米軍の宇宙利用の比重は、イラク戦争（2003年）のときにはさらに大きくなった。「イラクの自由作戦」による攻撃の70％が精密誘導兵器による

第10章　宇宙の軍備管理

ものであり、その半分以上が GPS 衛星にサポートされた。宇宙アセットの利用の度合いが大きくなっただけでなく、米軍全体の戦闘オペレーションの機能分担として宇宙システムが全面的に組み込まれた。米軍は宇宙アセットの役割が死活的に重要になったことを確信し、米国の国防政策における宇宙の位置づけは以前と比較にならぬほど重要になった。

　米国が利用する軍事衛星と民生用衛星の数は群を抜いているが、これは衛星に対する米軍の依存度がもはや引き返せないほどに高まったことを意味する。もし米国の宇宙アセットの利用が妨害あるいは脅かされることがあれば、米国の軍事戦略は成り立たなくなる。近年、米国が対テロ作戦で多用する無人機（UAV）も、通信衛星を利用している。米軍が進めている「軍事における革命」（RMA）や米軍の大変革（「トランスフォーメーション」と呼ばれる）も、衛星の安定的運用が大前提とされている。米国の軍事能力の卓越性は衛星が支えているため、米国の国防関係者は「もし、われわれが衛星を使えない事態が起きたら、どうなるだろうか」という大きな不安を抱くようになった。

　衛星は敵の攻撃に対して脆弱であり、防御が困難であるという弱点がある。衛星は宇宙に無防備な形で配置されている。衛星の軌道が分かれば、その動きを正確に追跡できる。米ソ間では ASAT 実験のモラトリアムが守られてきたが、2007年の中国による ASAT 実験によって、米国が以前から抱いていた不安は、悪夢へと拡大した。中国はこの ASAT 実験を事前の予告せずに実行しただけでなく、軍事専門誌が実験を報じたあとも公表を遅らせた。中国の実験によって多数のデブリが発生したことに対して、国際社会から強い非難が向けられたが、中国は意に介していないように見える。ソ連（ロシア）が開発した自爆型のシステムや、中国が実証した弾道ミサイルの利用のほかにも、極端な方法ではあるが、核爆発を起こして衛星を破壊することも理論的には可能である。衛星は米国の切り札であると同時にアキレス腱でもあり、衛星の脆弱性への対処が米国の国家安全保障にとって重要な課題となった。

2．宇宙の国際規制

宇宙の安全保障にはどのような国際ルールが存在するのか。宇宙の軍備管理はどこまで進められているのか。

（1）宇宙条約

　第二次世界大戦後、人工衛星技術が進歩するなか、国際共同の地球物理現象観測事業（1957年7月〜1958年12月）を契機に、人間の活動が不可能あるいは困難な場所の領土権や軍事利用禁止などへの国際的関心が高まった。米国とその同盟国は、宇宙の利用を平和目的と科学探査に限定するルール作りを考えていたが、ソ連のスプートニク打ち上げによって出し抜かれる形になった。両国の核開発競争と宇宙開発競争が同時に進んだため、宇宙空間に核兵器が配備される可能性が懸念された。宇宙の安全保障をめぐる議論が国連の場で活発化し、1959年に宇宙空間平和利用委員会（COPUOS）が設置された。1963年に国連総会で決議1884号（宇宙空間における大量破壊兵器の配備禁止）と決議1962号（宇宙の科学探査の自由）が採択され、この決議が宇宙条約のベースになる。国連の取り組みとは別に、米ソはそれぞれの条約案を作成して1966年に国連総会に提出した。ウ・タント国連事務総長とクルト・ワルトハイム（COPUOS 議長）らが参加した協議で両国の主張の相違が調整され、宇宙条約の条文がまとめられた。国連総会の承認を経て、宇宙条約は翌1967年1月に署名のために開放された（同年10月に発効）。締約国は100ヵ国を超える。

　宇宙条約の前文では、「平和的目的のための宇宙空間の探査及び利用の進歩が全人類の共同の利益である」という認識が示され、「宇宙空間の探査及び利用の科学面及び法律面における広範な国際協力に貢献すること」への希望が表明された。宇宙利用における国家の平等性と国際協力という大原則が、条約の精神及び目的として掲げられた。

　条約の第1条では、「宇宙空間の探査および利用は、すべての国の利益のために、その経済的又は科学的発展の程度にかかわりなく行なわれるものであり、全人類に認められる活動分野である」と規定された。宇宙開発の先進国も後発国も平等に扱われるという、宇宙利用の基本原則が明示さ

第10章　宇宙の軍備管理

れた。第2条では、「宇宙空間は、主権の主張、使用若しくは占拠、その他のいかなる手段によっても国家による取得の対像とはならない」と定められた。宇宙条約が成立する前は、宇宙開発の先進国が他国に先んじて特定の宇宙空間を使用あるいは占拠し、後で参入してきた国との間で宇宙の領有権をめぐる衝突が起こる可能性があったが、条約はそのようなリスクを封じ込めた。

　第4条では、「核兵器及び他の種類の大量破壊兵器を運ぶ物体を、地球を回る軌道に乗せないこと、天体に設置しないこと、他の方法によって宇宙空間に配置しないこと」が約束された。また、「月その他の天体は、平和目的のためにすべての条約加盟国に利用されること、天体上で軍事基地、軍事施設、防備施設を設置すること、兵器の実験と軍事演習を実施すること」が禁止された。この規定により、宇宙条約の加盟国は、核兵器、化学兵器、生物兵器を宇宙空間に配備できないことになった。

　宇宙条約は、それまで法的には白紙状態にあった宇宙空間と天体の法的地位を定めた点において重要な意義がある。宇宙活動の自由と平等、領有の禁止、自由な平和利用、国際協力などの諸原則を明示した点において、同条約は宇宙の基本法とされている。軍備管理の観点からは、大量破壊兵器の配備を禁止した第4条の意義が重要である。核不拡散条約（NPT）の発効は1970年、生物兵器禁止条約（BWC）は1975年、化学兵器禁止条約（CWC）は1997年であるから、宇宙条約は大量破壊兵器の不拡散問題に関して先行的な役割を果たしたといえる。宇宙条約作りの協議が行われた時期は、米ソの核軍拡競争が激化し、ABMの開発競争も加速していた。相手を追い抜きたいという強い競争意識を持っていた両国は、宇宙の軍事利用に関しては一定の制約を受け入れた。

　しかし、宇宙条約で定められた宇宙の軍事利用の規制は非常に限定的であり、規制の範囲にも不明確なところがあった。条約第3条では、「宇宙空間の探査と利用は、国連憲章を含む国際法に従って、国際の平和及び安全の維持並びに国際間の協力及び理解の促進のために行なわなければならない」と規定されたが、この規定の含意には曖昧さがある。国連憲章を含む国際法では侵略行為が禁止されているが、それでは自衛権の範囲内の軍事利用はどうなるかという問題があった。米ソ間では、平和目的の利用は自衛権の範囲内の軍事行動を含むという了解が成立していたが、インドや

179

ハンガリーから、平和利用とは「非軍事」と解すべきであるという主張が展開された

宇宙条約では、地上の戦争を支援する宇宙システムの配備は非合法化されなかった。軍事衛星（偵察衛星、通信衛星、航海衛星など）の開発と利用は条約では禁止されていない。1980年代に米国が進めた戦略防衛構想（SDI）には、レーザーなどの指向性エネルギー兵器の宇宙配備の研究が含まれていたため、宇宙条約との関係が問題になった。冷戦時代に米ソが開発・実験を行ったASATについても、衛星の破壊を禁止する明示的な規定は宇宙条約には存在しない。米ソがASAT実験のモラトリアムを続けたため、国際法上のASATの位置づけをめぐる論争は起きなかったが、中国のASAT実験を契機にASATの軍備管理問題が注目されるようになった。

（2）4つの宇宙関連条約

宇宙条約の他にも、COPUOSによって宇宙のルールを定める条約が作られた。宇宙救助返還協定（1967年）では、ある国の飛行士が事故や遭難によって、別の国に緊急着陸した場合、着陸地の国が飛行士の救助・送還を行うことが定められた。宇宙損害責任条約（1972年）では、人工衛星などの宇宙物体が地表に落ちて人や物に損害を与えた場合に、宇宙物体の所有国が賠償責任を負うこと、宇宙物体登録条約（1974年）では、宇宙物体が地球を回る軌道あるいは地球を回る軌道の外に打ち上げられたときに、打上げ国が国際登録を行うことが定められた。

これら3つの条約は宇宙開発の先進国がほとんど加盟しており、宇宙開発の国際協力と国家の責任範囲を定めた点で宇宙の国際秩序に貢献しているが、国際安全保障や宇宙の軍備管理に対する直接的な効果はない。月協定（1974年）では、月の領有の禁止、月とその天然資源が人類の共同財産であることが定められたが、協定の署名・批准国はわずか13ヵ国に限られ、宇宙開発の先進国は参加していないことから、国際ルールとはみなしがたい。

宇宙条約と宇宙関連の条約の存在によって、宇宙は無法地帯とはなっていないが、宇宙の安全保障の基盤となるような制度はまだ形成されていない。現存する条約のなかで、軍備管理の観点から実質的に意味があるのは、大量破壊兵器の配備を禁止した宇宙条約第4条のみであると言っても言い

第10章　宇宙の軍備管理

過ぎではない。宇宙の軍備管理は極めて不十分な状態にある。

（3）弾道弾迎撃ミサイル（ABM）条約の失効

　弾道弾迎撃ミサイル（ABM）条約は、第一次戦略兵器制限交渉（SALT-I）によって米ソが1972年5月に締結した条約である。ABMは、相手国が発射した戦略核弾道ミサイルを飛翔中に迎撃する防御兵器システムである。多額の開発予算、技術的困難、軍拡競争の激化などが負担になって、米ソ両国はABMで自国の本土を防御する可能性を諦めた。ABM条約では、ABMの配備が首都と大陸間弾道ミサイル（ICBM）基地の2個所に限って例外的に許されたが、核戦争が起これば両国は確実に破滅することが明白になり、「相互確証破壊」（MAD）と呼ばれた。核戦争の恐怖と共存することに米ソと同盟国は強い不安を抱いたが、ABMの開発競争を停止させ、軍拡競争に一定の歯止めをかけたことで、ABM条約は冷戦の安定化装置の役割を果たした。

　ABM条約では、地上、洋上、空中に加えて、宇宙空間における防衛システムの配備も禁止された。冷戦後、米国は新たな安全保障問題に対処するため、ABMより防御能力が大きいミサイル防衛システムの開発に着手した。クリントン政権はABM条約の規定に抵触しない範囲でミサイル防衛計画を進めたが、ブッシュ政権のミサイル防衛計画はABM条約の枠内に収まらぬ大規模なものであった。同政権はABM条約から離脱することを決定してロシアに通告し、同条約は2002年6月に無効となった。

　ABM条約は、冷戦時代に米ソの戦略核兵器競争を抑制する効果があったと見られていた。このため、冷戦後の米ロ関係の安定と戦略核の削減交渉への影響を重視して、冷戦後もABM条約を維持するべきであるという主張が米国内にあった。しかし、ブッシュ大統領は、大量破壊兵器と弾道ミサイルの拡散という新たな脅威に対処する上で、ミサイル防衛計画の拡大が必要であり、ABM条約は時代遅れになったと説明した。

　ミサイル防衛の能力で劣るロシアには、米国のミサイル防衛計画によって戦略バランスが不利になることへの強い警戒感がある。米ロ間の戦略核軍縮交渉は、米国のミサイル防衛計画へのソ連の反対と反発によって、協議の進展が阻まれることが少なくない。ABM条約の失効は、米ロ二国間の核軍備管理にマイナスの効果を及ぼしている。宇宙の軍備管理にとって

181

も、宇宙空間におけるミサイル防衛システムの開発を制約する枠組みがなくなったことの意味は大きい。

（4）ジュネーヴ軍縮会議（CD）の停滞

　ジュネーヴ軍縮会議（CD）は、多国間で軍備管理・軍縮問題を交渉する唯一の国際機関であり、宇宙の安全保障が取り上げられることがある。冷戦時代には、第1回国連軍縮特別総会（1978年）の最終文書や、宇宙空間における軍備競争の防止を謳った国連総会決議（1982年）などの動きがあった。1980年代前半には、ソ連が宇宙空間における兵器の配置禁止や宇宙空間及び宇宙から地球に対する武力行使の禁止を定める条約草案を国連総会に提出し、このソ連案が国連総会からCDに送付されて検討された。1985年から1994年までCDに「宇宙空間における軍備競争の防止（PAROS）」に関するアドホック委員会が設置された。宇宙条約を補強する新たな条約の作成問題、衛星攻撃兵器（ASAT）問題、ミサイル防衛に関して議論が行われたが、具体的な成果は何も得られなかった。宇宙の軍備管理の停滞状況は冷戦後も基本的に変わっておらず、1995年以降、PAROSアドホック委員会は設置されていない。1997年以降、交渉テーマに関する各国の立場の違いから、CDでは新たな条約の成立に結びつく協議は行われていない。

　宇宙の軍備管理が進展しないのは、宇宙開発で先頭を走る米国と、米国にブレーキをかけたいロシア及び中国の間に対立が存在するからである。ロシアと中国は2002年に、「宇宙空間における兵器の配備、武力による威嚇または武力の行使の防止に関する条約」を提案した。条約の当事国はいかなる種類の兵器及びそれを運ぶ物体を、地球を回る軌道に乗せないことなどを内容としていた。ブッシュ政権は、中ロの提案の目的は、CDという多国間の軍縮協議の場を利用して、米国のミサイル防衛計画に制約を設けることにあると判断し、「宇宙の軍拡競争はまだ起きておらず、新たな条約は必要ない」として、協議の開始に応じなかった。その後も米国と中ロの間の主張は平行線をたどり、宇宙の軍事利用を規制する新条約が成立する見込みは立っていない。CDでは、何を交渉するかの手続き事項がコンセンサス方式になっているため、提案や議論は色々あるが、協議の入り口で足踏み状態が続いている。

3．宇宙の軍備管理の課題

　宇宙の軍備管理は、軍拡競争の防止が重要なテーマであること、大国間の利害対立が軍備管理の進展を妨げていることなど、他の分野の軍備管理と共通する点がある。一方、宇宙開発の歴史はまだ浅く、主要なアクターが限られていることから、他の軍備管理とは大きく異なるところがいくつかある。

（1）他の軍備管理との比較

　古代から現代まで、地球上で起こった戦争は数えきれないが、宇宙空間が戦場になったことは今まで一度もない。湾岸戦争やイラク戦争（2003年）によって、衛星などの宇宙アセットの利用が地上の戦争を左右する大きな要因になったことは確かであるが、地上の目標を直接攻撃する宇宙兵器がある日突然に登場するとか、宇宙に配備した兵器を使って国家と国家が戦争を始めるというような話は、イマジネーションの世界のことである。宇宙開発が急速に進んできたため、想像の世界が近い将来に現出するかのように考えられる傾向があるが、軍備管理は、現存する兵器の開発競争の激化をコントロールすることが基本であり、その性格は基本的に保守的なものである。

　第一次世界大戦中の化学兵器の大量使用と悲惨な結果が、1925年にジュネーヴ議定書を成立させた。大戦中に使用されなかった生物兵器の使用の禁止が同議定書に盛り込まれたことは、先を見越した軍備管理の例と言えないことはないが、生物剤を兵器として使うことは技術的に可能であった点では、当時既に現実の脅威になっていた。化学兵器の開発はその後も続けられ、化学兵器を全面禁止する条約は冷戦が終わってからようやく成立した。湾岸戦争で化学兵器の脅威に直面した国々が、この兵器の全面禁止を決意したことがきっかけであった。核兵器の場合も同様で、核軍拡競争と核戦争のリスクが核兵器の軍備管理の動因になっている。不適切な言い方かもしれないが、大きな戦争あるいは明白な軍事的危機に直面しない限り、国家は軍備管理・軍縮になかなか応じないという側面がある。このような観点から見ると、衛星の利用などによって宇宙の軍事利用が急速に進

んでいるといっても、特定の攻撃兵器が近い将来に宇宙に配備される見込みがあるわけではない。宇宙の軍拡競争の芽生えはあるが、他の領域の軍備管理の状況に比べると、軍拡競争の防止というテーマには緊急性が小さいように思える。

現存の軍備管理・軍縮条約は、必ずどこかの国がイニシアティヴを発揮し、世界の国々を協議に参加させることによって成立した。核不拡散条約（NPT）は米ソ英、生物兵器禁止条約（BWC）は米英、対人地雷禁止条約はカナダが主導した。宇宙条約の成立以降、宇宙の安全保障のための条約が成立しないのは、条約の成立に向けて世界の国々を引っ張るリーダー国がいないからである。中国とロシアはジュネーヴ軍縮会議（CD）の場で、宇宙の軍拡競争防止（PAROS）を提案しているが、米国は今まで消極的な対応を示してきた。宇宙開発で先頭を走る国が応じなければ、軍備管理の協議は始まらない。

宇宙開発に取り組む国の数は増えてきたが、大規模な資金力と高度な技術力を要する宇宙開発への参入障壁は今日でも高い。宇宙の軍事利用と平和利用は世界のすべての国に大きな影響を及ぼしているが、宇宙アセットを保有している国は限られており、宇宙能力の提供国と受益国の間に存在する不釣り合いは大きい。宇宙の軍備管理が直接的な影響を与える国は宇宙アセットを保有する宇宙先進国であり、軍備管理問題に発言力を持つのも宇宙先進国である。宇宙開発を行っていない国、あるいは宇宙開発に着手したばかりの後発国は、宇宙の軍備管理に対する発言力は弱い。大量破壊兵器と通常兵器のグローバルな軍備管理・軍縮は、先進国か途上国かを問わず、世界のすべて国の軍備に対して影響を及ぼす。地域紛争のリスクが大きい国や、拡散国及び拡散懸念国の対応などが重要なポイントになり、これらの国への兵器と技術の輸出管理も合わせて実施される。

宇宙以外の軍備管理では、テロの脅威の拡大への対処が重要な共通課題であるが、テロリストの能力は宇宙の領域にまで及んでいない。この点でも、宇宙の軍備管理は、他の領域の軍備管理とは異なる文脈の中にある。ただし、宇宙アセットの運用に必要な地上の軍事施設をテロリストが破壊し、宇宙先進国にダメージを与える可能性はある。また、対テロ作戦を遂行するうえで、大国が保有する宇宙アセットが重要な役割を果たすことにも注意すべきであろう。

第10章　宇宙の軍備管理

（2）新しい軍備管理条約の可能性

　今後、宇宙の軍拡競争が起こるとすれば、そのアクターは先頭を走る米国、大国復活を目指すロシア、台頭著しい中国である。米国と中国の間では安全保障対話が行われることはあるが、フォーマルな外交交渉によって米中二国間で何かの軍備管理合意が成立したことはない。米国はグローバルな軍備管理にイニシアティヴを発揮してきたが、中国は米国が構築した軍備管理レジームへの参加を嫌がる傾向がある。中国が核不拡散条約（NPT）に参加したのは冷戦後であり、ミサイル輸出管理レジーム（MTCR）、ハーグ行動規範（HCO）、ワッセナー・アレンジメント（WA）には参加していない。

　米国とロシア（旧ソ連）は、冷戦時代から戦略核兵器の規制交渉をはじめ、様々な軍備管理問題に関して二国間協議を行ってきた。SALT-Iでは、米国はソ連のICBMの増強を恐れていた（交渉中にソ連はICBMの基数で米国を追い越した）。ソ連は、自国の弾道弾迎撃ミサイル（ABM）システムが米国よりも技術的に遅れていることを知っていたため、米国のABM計画がさらに進展していくことを是が非でも阻止したかった。米ソともに相手が優勢な兵器の開発を抑え込む目的で、自国が優勢な兵器の規制を受け入れたため、攻撃兵器暫定協定とABM条約がパッケージで成立することになったのである。また、「国家の検証技術手段」（NTM）という検証手段が存在していたことが、交渉の妥結を可能にした。

　このような相互規制を実現させる力学が、PAROSをめぐる米国と中ロ間の駆け引きには働いていない。自国の衛星の脆弱性を懸念する米国は、ロシアと中国の衛星攻撃兵器（ASAT）開発の規制に大きな関心を持っているが、中ロ側にとっては米国の懸念を取り除く代わりに得られるものが少ない。中ロの関心は米国のミサイル防衛計画を制約することにあるが、米国は自国の国防政策の観点から応じられない。中国のASAT実験はまだ1回であり、米中間でASATの開発競争が始まったとはいえない。米国と中ロの宇宙能力に明白な開きがある現在、米国にはPAROSの協議を急ぐ理由が乏しい。したがって、宇宙条約を補強する新たな条約作りの交渉が始まる可能性は小さいと考えられる。交渉が始まったとしても、宇宙兵器の定義や検証方法など多数の難問があるため難航が予測される。

（3）信頼醸成措置（CBM）の可能性

　新たな条約の作成の見込みが乏しいことから、次善の策として信頼醸成措置（CBM）によって、宇宙の軍拡競争の防止を目指す提案が出されている。EU を代表してポルトガルは、2007年に「包括的行動規範」案を国連総会第一委員会でのテーマ別討論「宇宙空間」に提出した。米国のシンクタンク（スティムソン・センター）も「モデル行動規範」を発表している。「行動規範」とは、国家がとるべき、あるいは避けるべき行動を示す基準である。条約のような法的拘束力は持たないが、規範を認め合うことによって国家間に一定の制約が生まれることが期待される。

　CBM の具体例としては、宇宙物体登録条約に記載する報告事項を詳細化することにより、各国の宇宙活動の透明化を図ろうとする提案がある。宇宙空間に存在する衛星をすべて防衛的なものとみなし、衛星に対する攻撃を行わないことを各国が約束することや、事故による衛星同士の衝突が敵対国による攻撃と誤解しないように衛星相互間の最小接近距離などを行動規範として定める提案もある*2。今のところ提案やアイデアだけで終わっているが、このような CBM のアプローチを積み重ねていくことにより、宇宙の安全保障に役立つ規則を一つずつ作っていくことが、宇宙の軍備管理においては重要かもしれない。弾道ミサイルの不拡散を目的として発足したハーグ行動規範（HCOC）のような先例もあり、法的拘束力のない緩やかな合意事項をまとめる協議に世界の国々を招き入れることは、宇宙の軍備管理の環境整備として意味があると思われる。

（4）宇宙の覇権

　米国の宇宙能力の優位性は今後も続きそうな状況であるが、米国の国防関係者には衛星の脆弱性という悩みがつきまとう。軍備管理あるいは CBM によってこの問題を緩和することが最も穏健な方法であるが、米国の軍や国防専門家の中には、「宇宙における米国の軍事的優位を確立すべきである」と考える人々がいる。米国空軍大学のエヴェレット・ドルマン（Everett C. Dolman）は、「米国は将来、防御兵器と攻撃兵器を宇宙に配備すべきである。宇宙兵器の開発競争は不可避であり、米国は先頭を走るべきである」と主張している*3。米国の衛星の防御と敵対国に宇宙を使わせないこと（スペース・コントロール）を目的とした宇宙兵器の研究開発を

加速することを主張している。
　軍事的優位論は、米国の国防コミュニティには昔から存在する考え方であり、宇宙の優位を追求する彼らは「宇宙戦士」と呼ばれることがある。軍備管理のアプローチを重視する人々は、米国が宇宙覇権を目指せばロシアと中国が反発すると見ており、軍拡競争が激化すれば米国の安全保障が脅かされると批判している。衛星の脆弱性の緩和策としては、衛星の数を増やすことや抗堪性を高めるという選択肢も考えられるが、脆弱性の問題の根本的な解決策にはならないと思われる。衛星の脆弱性問題は米国の国防政策の懸案であり、米国の宇宙覇権をめぐる論議は今後も継続するとみられる。

（5）ミサイル防衛計画との関係

　宇宙の軍備管理は、米国のミサイル防衛計画に対するロシアと中国の警戒と反発から影響を受けている。ミサイル防衛計画が、米ロ二国間の戦略核兵器の削減交渉にマイナスの効果を及ぼしていることは既に述べた（第8章3）。CDの場におけるPAROSをめぐる議論では、中ロ二国が米国のミサイル防衛計画にブレーキをかける「共同戦線」を張っているため、より複雑な対立構図が見られる。戦略核兵器の削減問題は基本的に米ロ二国間の問題であり、米国の同盟国と友好国に与える影響は間接的であるが、米国のミサイル防衛計画は米国の同盟国と友好国への配備を含むため、関係国の安全保障に及ぼす影響が広範かつ複雑である。中国は、台湾、韓国、日本のミサイル防衛能力が高まることを強く警戒し、米国のミサイル防衛計画の進展に対して猛反発を見せる。ロシアは米国との戦略バランスの観点からミサイル防衛に反対し、中国は米国に対する戦略バランスと東アジアにおける中国の軍事力への影響を考えて、ミサイル防衛に反対しているのである。
　米国のミサイル防衛が、米ロ間の核軍縮交渉とPAROSの進展にマイナスの効果を及ぼしていることは事実であるが、だからといってミサイル防衛を否定的に見ることは本末転倒になると著者は考えている。周辺諸国の弾道ミサイルの脅威を受けている国にとって、ミサイル防衛は自国の安全を確保するほとんど唯一の対抗策として重要である。ミサイル防衛がネガティヴな影響を及ぼす軍備管理の分野があるとしても、それはミサイル

防衛という防御システムが持つ「副作用」とみなすべきであう。

このように、軍備管理の問題は、複数の領域の問題が互いに影響を及ぼし合っており、しかも相互の関係が複雑に入り組んでいるため、全体のピクチャーを把握することは容易ではない。ミサイル防衛問題は、核兵器の軍備管理（第5章）、弾道ミサイルの軍備管理（第8章）、宇宙の軍備管理（第10章）の状況と論点をすべて把握していないと、正しく理解できないのである。

（6）スペース・デブリ問題

スペース・デブリは宇宙空間に浮かぶ「ごみ」である。機能を停止した人工衛星や、衛星の破片などからなり、地球を周回する軌道を回っている。宇宙活動の開始以来、スペース・デブリが増え続けて、直径1ミリ大のものまで含めると、今日では数百万個に達していると推定されている。デブリの増大によって、衛星を破壊するリスクや、有人宇宙活動を危険にさらす可能性が高まっている。20年くらい前までは、「宇宙は広い」という認識があったが、今では混雑している宇宙で「交通事故」が起こるリスクが高まっている。中国のASAT実験が大量のデブリを生じさせたことへの批判が強いが、米国とロシアと米国の衛星が衝突して大量のデブリが生じたこともある。

世界の宇宙開発国や企業は、宇宙のどこにどんな物体がどの方向に飛んでいるか、デブリがどこに落ちるかなど、宇宙の「交通状況」を認識する能力の確保に向けて取り組むようになった。しかし、デブリの規制や対処を定めたルールや規則はまだ作られておらず、デブリ問題への対策を急がねばならない。宇宙は人類にとっての公共性が非常に大きく、海洋やサイバー空間とともに、「グローバル・コモンズ」（人類が共有する空間や領域）と呼ばれる。宇宙の軍備管理が不十分な現状が問題であることは確かであるが、デブリ問題のような宇宙の環境を脅かす問題への対応が、もっと重大かつ緊急の課題であると思われる。

＊1　科学技術振興機構『世界の宇宙技術力比較』2013年。
＊2　青木節子「宇宙の軍事利用を規律する国際法の現状と課題」『総合政策学ワーキングペーパーシリーズ』No.67、2005 年4月。

第10章　宇宙の軍備管理

＊3 Everett C. Dolman, "Beyond the Bounds of Earth: A Debate on Weapon in Space, "*SAIS Review* ,Winter-Spring 2006.

おわりに（まとめと考察）

　これまで本書で述べてきたことをもとにして、「軍備管理とは何か」（歴史、目的、性格、動因、成立要件）を概括し、軍備管理の全体像を素描する。さらに、本書を執筆する際の著者の問題関心であった、軍備管理のパラダイムの変化について述べる。

１．軍備管理とは何か
（１）軍備管理の歴史、目的、性格
　軍備管理とは、軍備の規制（一定の制限から全面禁止まで）に関する国家間の合意であり、二国間と多国間の軍備管理がある。軍備管理の合意は政府間の外交交渉によって成立し、条約、協定、議定書、合意文書などの形態がある。一部の国家あるいは勢力が、特定の状況下で軍備の相互規制を行うことは古代から行われていた。近代国家の軍備管理・軍縮は19世紀後半から始まった。軍備管理を国防政策の手段として位置づけたのは1960年代初めの米国であり、当時は核軍拡競争の防止が目的とされた。今日では、世界諸国が軍備管理を安全保障政策の一つとして実行している。

　軍備管理の目的は国家の安全保障を支えることであり、国防政策と両立すべきものである。国際政治の変化により安全保障の環境が変われば、軍備管理のテーマと役割も変化する。冷戦中は、米ソ二国間の核軍備管理が最重要課題であった。冷戦後は大量破壊兵器と弾道ミサイルの拡散、テロの脅威への対応が重要課題である。

　軍備管理は、軍備の規制に関する国家間の利害の調整と妥協であり、その本質は政治的なものである。国家の安全と国益がかかるため軍備管理の合意は容易でないが、共通の利益があれば妥協は可能である。軍備管理の合意が成立するとは限らず、成立した合意が守られる保証もないため、安全保障政策としての軍備管理の役割には限界がある。国家の安全保障政策は、軍備管理だけでは確保できず、軍事力や経済制裁など、他の安全保障政策も合わせて実施する必要がある。

（2）軍備管理の動因と成立要件

　純粋に軍事的な観点からいえば、他国より強力な軍隊と兵器を持つことが国家の安全にとって有利であり、外交交渉によって自国の軍事力の一部を制限あるいは禁止することに国家は不安と抵抗感を持つ。国家を交渉と妥協に向かわせる、何かの力や誘因が存在しなければ、軍備管理の第一歩は踏み出されない。軍備管理の動因の一つは、兵器の非人道性に対する人間の嫌悪である。19世紀末から始まった近代国家の軍縮は、非人道的とみなされた一部の兵器の禁止を対象としていた。化学兵器の使用を禁止したジュネーヴ議定書（1925年）は、第一次世界大戦中に化学兵器がもたらした惨禍が動因になっている。特定通常兵器使用禁止制限条約（CCW）と対人地雷禁止条約（1997年）も、この流れに沿って成立したものである。

　もう一つの動因は、対立する国同士が相手の軍事的脅威をコントロールするために取引を行う必要性であり、その背景に恐怖の共有がある。冷戦時代の米ソは、核軍拡競争の行方に対する恐怖心と負担感が共有し、戦略核兵器や中距離核戦力（INF）の制限交渉を行った。無制限な核軍拡競争を継続するよりも、一定の範囲で相互の規制を行うほうが、自国の利益になるという現実的な計算に基づくものであり、核兵器の非人道性がモチベーションになっていたわけではない（米ソは、相手国に対して核兵器を使用する意志と能力を示すことによって相互抑止を維持した）。国家間の厳しい対立と根深い不信のなかで、妥協するのである。

　さらに一つ加えるなら、国家の都合で特定の兵器の制限や禁止を行う場合がある。米国と英国は、自国の生物兵器計画の継続が負担になり、中止することを考えた。他の国が生物兵器を開発することを防ぐことを目的の一つとして、生物兵器禁止条約（BWC）の成立にイニシアティヴを発揮した。核抑止力を支柱にすれば、生物兵器がなくても国防政策が成り立つと判断していたのである。対人地雷禁止条約を主導した国やNGOの動機は人道的な配慮であったが、冷戦の終結による安全保障環境の変化によって自国の防衛に対人地雷は不要になったという判断から参加した国も多い（対人地雷が今も必要と考える国はこの条約に加盟していない）。

　国家を軍備管理に向かわせる動因は様々であるが、グローバルな軍備管理条約を成立させるためには、国際社会に一定の影響力を持つ国がそのパワーと熱意をつぎ込まないと、条約はなかなか成立しない。大量破壊兵器

の規制条約では大国が、一部の通常兵器では「ミドル・パワー」と呼ばれる国がイニシアティヴを発揮した。信頼できる検証の手段の有無も、軍備管理条約の成立を左右する鍵である。また、国家が検証にどこまで協力するかが、軍備管理条約や合意の効果や安定性に影響を及ぼす。

2．軍備管理の全体像
（1）軍備管理の全分野の概観

　多岐に分かれる軍備管理の全体像をつかむには、大量破壊兵器（核兵器、化学兵器、生物兵器）の軍備管理と大量破壊兵器以外の軍備管理の二つに大別することが適切と思われる。大量破壊兵器には世界の大多数の国が加入する条約があり、兵器の非人道性に対する国際社会の共通認識と、兵器を拡散させてはならないという規範が存在する。破壊力・殺傷殺戮力をもたらす原理、破壊力・殺傷力の規模の大きさと無差別性において、大量破壊兵器は通常兵器と性格を異にする。国際政治に及ぼす影響の大きさの観点から見ても、大量破壊兵器の軍備管理の重要性は別格である。大量破壊兵器の軍備管理を最重要課題として一括し、他の領域の軍備管理とは別枠で扱うことが適切であると思われる。

　弾道ミサイルは大量破壊兵器とセットで議論されることが多いが、弾道ミサイル自体に大量破壊能力はなく、弾道ミサイルを規制するグローバルな多国間条約は存在しない。だからといって、弾道ミサイルを通常兵器として扱うことは適切でない。弾道ミサイルの拡散に対する脅威認識はあるが、大量破壊兵器のように非人道的な兵器とみなされているとはいえない。弾道ミサイルの分類は難しいが、建物に例えれば、「本館」（大量破壊兵器）に付属する小さな「別館」（弾道ミサイル）のような位置づけにある。

　現存する通常兵器の軍備管理・軍縮条約は、世界各地の紛争の犠牲者の減少や非合法取引の規制を通じて、国際安全保障に貢献している。ただし、通常兵器の軍備管理は、世界各国の防衛力を構成する主要装備が国家の自衛権と直結しており、大量破壊兵器や弾道ミサイルの軍備管理とは性格と目的が異なる。通常兵器の軍備管理・軍縮は、一部の兵器に限定される。大国間の通常兵器開発競争は、「新しい戦争」に共同で対処するためにも抑制されるべきであり、安全保障対話などの信頼醸成措置（CBM）の役割が期待される。

宇宙開発は歴史が浅いため、宇宙の軍備管理は他の領域の軍備管理と異なるところが多い。宇宙の軍拡競争が懸念されているが、軍拡競争のアクターになり得る国は米国、ロシア、中国に限定されている。宇宙の軍拡競争の防止を掲げるロシアと中国の提案には、米国のミサイル防衛計画を牽制する意図が含まれており、米国の国防政策と噛み合っていない。宇宙の基本法とされる宇宙条約だけでは、今後の宇宙利用の安全と安定性は確保されないが、米ロ中の間の対立により、新たな条約が近い将来に成立する見込みは小さい。当面の措置として、米ロ中の間のCBMが検討されている。

　軍備管理の分野は多岐に分かれているが、各々の領域が独立しているのではなく、複数の領域にまたがる問題がある。弾道ミサイルの拡散は宇宙開発と連動する。ミサイル防衛は、世界的に拡散する弾道ミサイルの脅威の対抗策であるが、米ロ間の戦略核削減交渉とジュネーヴ軍縮会議（CD）における宇宙の軍拡競争防止（PAROS）の議論に影響を及ぼしている。すべての領域の軍備管理の現状と問題点を知り、全体的なパースペクティヴを把握した上で、個々の軍備管理問題を検討する必要がある。

（2）大量破壊兵器の軍備管理の比較

　核兵器、化学兵器、生物兵器は、広範かつ無差別に大量の死傷者を出す点において共通している。国家・社会に与えるダメージの大きさと被害者の悲惨な様相は、通常兵器の破壊力とは異質のものである。ある国家あるいはテロリストが大量破壊兵器を保有すれば、国際安全保障に重大な影響が及ぶ。大量破壊兵器の非人道性は明白であり、もし使用する国家があれば、国際社会全体から強い非難を浴びて孤立することになる。

　核兵器の破壊効果は、一つの都市をほとんど瞬時に破壊するほど大きい。建造物は確実に破壊され、多数の死者を出す。化学兵器と生物兵器も多数の人間を殺戮する力があるが、建造物を物理的に破壊することはなく、治療薬や危機管理体制を整えればダメージを小さくできる。核兵器の防護は不可能であるが、製造能力の確保は今日でも容易でない。使用された回数では化学兵器が最も多い。生物兵器が本格的に使用され例はまだないが、バイオテクノロジーの発達などによりバイオテロの危険が高まっている。総括すると、最も破壊的で恐ろしいのは核兵器、使われやすいのは化学兵

おわりに（まとめと考察）

器、効果が不確実で被害の予測が困難な兵器は生物兵器ということになる。

核兵器の軍備管理は、核不拡散条約（NPT）を柱とし、原子力先進国間の輸出管理協力、核実験禁止、非核兵器地帯条約などの制度によって支えられている。核兵器国と非核兵器国の別扱いという不平等性があり、条約成立時から今日までこの点が問題とされる。化学兵器と生物兵器の軍備管理は、化学兵器禁止条約（CWC）と生物兵器禁止条約（BWC）が柱とされ、先進国間の輸出管理協力がそれを支えている。CWCとBWCではすべての加盟国が平等に扱われているが、先進国間の輸出管理協力に対して途上国が不満を持っている。

NPTとCWCには検証規定があり、条約で定められた国際機関が検証を行っている。NPTの検証（査察）は国際原子力機関（IAEA）が行い、北朝鮮などの核開発計画が発覚した。CWCの検証は化学兵器禁止機関（OPCW）が実施しており、明白な違反の事例はまだ見られない。ただし、地下鉄サリン事件が示すように、CWCの加盟国のなかで、非国家主体が化学兵器を製造・使用する可能性がある。BWCには検証規定と国際機関が欠如しており、検証が行われていない。世界の大多数の国がBWCに加盟しているが、加盟国の条約履行が検証されない状態が続いている。

大量破壊兵器を規制する3つの条約は、国家の大量破壊兵器の開発保有を規制するものであり、テロリストが大量破壊兵器を入手しないように、国内の法制度を整備することが共通課題である。テロの手段としては、使われやすいのは化学兵器、効果が陰険で対処が困難なのは生物兵器である。核兵器の製造と入手は困難であるが、テロリストが「汚い爆弾」を使うリスクがある。どの条約も不安材料を抱えているが、バイオテロへの懸念が高まる今日、検証が行われないBWCの欠陥が目立つ。

3．軍備管理のパラダイムの変化

現存する軍備管理の条約や制度の多くは、冷戦時代に成立したものである。その後に起きた世界の変化を振り返り、新しい考え方や認識の枠組みを再検討することが、今日の軍備管理問題に適切に対処していくうえで必要になる。

（1）脅威の変化

今日存在する軍備管理制度と軍備管理の概念は冷戦時代に構築された。

米国、ヨーロッパ、日本などの西側陣営諸国にとっての軍備管理の課題は、東側陣営の軍事的脅威から自陣営を守ることに集約されていた。現在の世界は、冷戦時代のシンプルな二極対立ではなく、対立の軸がいくつも存在する。大国間の対立、途上国への大量破壊兵器及び弾道ミサイルの拡散、テロの脅威の拡大、先進国間の摩擦（例えばイラク戦争への対応）など、国際安全保障の構図がはるかに複雑かつ流動的になった。軍備管理の問題は量的にも質的にも多種多様になった。

　世界の大多数の国にとって、大量破壊兵器及び弾道ミサイルの拡散とテロの脅威への対応が最重要課題である。この問題の解決に向けて最大の影響力を発揮している国は米国であるが、米国の国益と世界諸国の国益は一致しないことがあり、米国が常に適切な政策判断をするとは限らない。米国の積極的な関与なしにグローバルな軍備管理問題の解決はあり得ないが、米国が置かれた立場は冷戦時代と異なる。米国の軍事力は突出しているが、テロの攻撃に対して脆弱である。ロシアと中国もテロの脅威を受けているが、米国との利害対立によって対テロ作戦への協力が十分に進められていない。中ロと大量破壊兵器の拡散国との関係も、軍備管理の文脈を複雑にしている。現存する軍備管理・軍縮条約と制度が生まれた当時と今日の状況を比べると、軍備管理が取り組むべき脅威とそれに対応する国家の両方に大きな変化が起きている。

（2）新しい対応
軍備管理の補強策

　軍備管理は国家の安全保障政策として重要な役割を果たしているが、軍備管理だけでは今日の脅威を封じ込めることはできない。経済制裁や「拡散防止構想」（PSI）など、関連する他の安全保障政策の併用によって、軍備管理政策の効果を補強していく必要がある。特に、大量破壊兵器と弾道ミサイルの脅威に対処するための防衛力と防護措置の強化が重要である。ミサイル防衛システムは不可欠であり、他の領域の軍備管理に対して多少の「副作用」があったしても、防御の能力を向上させていく必要がある。テロリストによる化学兵器攻撃、生物兵器攻撃、「汚い爆弾」攻撃などに対する防護策と危機管理体制の整備は、軍備管理政策の一部と位置づけるべきである。化学テロあるいはバイオテロの被害は危機管理体制の整備と

おわりに（まとめと考察）

防護措置の準備によって減殺することが可能であり、その能力を持つことがテロの抑止につながると考えられる。

インテリジェンスの役割の拡大と強化も、軍備管理政策の効果を高める上で重要である。冷戦時代のインテリジェンスはソ連をはじめとする社会主義諸国が主要な対象であったが、テロの脅威が拡大し、世界各地の非国家主体（テロリストとその協力者）の監視と情報収集が、対テロ作戦の一環として重要になった。イラク戦争（2003年）の経験などから、ヒューマン・インテリジェンスのような古典的手法の重要性が再評価されている。自由諸国のインテリジェンス機関の国際協力が重要になってきたことも、軍備管理の新たな側面である。

国家間の対立と不信によって条約や制度が成立する見込みが立たない場合は、様々なCBMによる緊張の緩和と軍拡競争の防止を目指すべきである。冷戦時代のCBMは、軍備の直接的な制限が行われない点で脅威削減の効果が小さいとみなされ、軍備管理の脇役的な位置づけにあった。CBMが果たし得る役割に、もっと目を向ける必要があると思われる。新しい条約や制度の成立が困難だからといって、手をこまねいていることはできない。

軍備管理のアクターの増大

冷戦時代と現在の軍備管理の違いの一つは、軍備管理に関与する人々、軍備管理から影響を受ける人々の範囲が拡大したことである。冷戦中は核兵器の軍備管理が圧倒的に重要であり、米ソ間の戦略バランス、ソ連の軍事戦略、北大西洋条約機構（NATO）の防衛戦略を中心テーマとして、関係国の政府・軍と戦略研究者がこの問題に取り組んだ。原子力コミュニティは、国際原子力機関（IAEA）の査察を通じて核軍備管理から影響を受けたが、核軍備管理は専門技術性が高く、一般の人々には近づきがたい問題であったと思う。

化学・生物兵器及び弾道ミサイルの拡散とテロの脅威の拡大により、軍備管理のアクターが増大した。化学製品を扱う民間の企業は化学兵器禁止機関（OPCW）の査察を受けなければならない。「公衆衛生の安全保障問題化」は、医学者や病院・医師たちを安全保障の世界に巻き込む。民間企業を対象とする国家の輸出管理の制度は、冷戦時代より多様で複雑な内容になっている。地方自治体によって、大量破壊兵器テロを想定した国民保

護の訓練などが行われることも多くなった。

　軍備管理のステークホルダー（利害関係者のこと）の量と範囲が拡大し、「軍備管理の遍在化」とでもいうべき現象が起きている。以前に比べて、軍備管理は一般市民にとって身近な問題になっており、政府と安全保障研究者に任せきりにできる問題ではない。これからの軍備管理は、中央政府及び地方自治体、警察と消防、病院などの公共施設、企業、大学、研究者たちの幅広い協力と連携が求められる。

　軍備管理条約や制度を構築するうえで、国際NGOが果たす役割が大きくなってきたことも、軍備管理の新しいパラダイムを考える上で、欠かせぬポイントである。軍縮問題へのNGOの関与自体は新しいことではないが、以前は世論形成などを通じて間接的に影響力を発揮していた。冷戦後に成立した対人地雷禁止条約や武器貿易条約（ATT）では、NGOは国際世論に訴えるだけでなく、条約の内容に関する各国の審議にまで影響力を発揮し、条約の成立を後押しする存在になった。これからの軍備管理・軍縮では、政府とNGOの効果的なパートナーシップが重視されていくことになると思われる。

柔軟な発想と思考

　各国政府の軍備管理政策は、最高指導者（大統領あるいは首相）の政治理念や目標を踏まえながら、外交・安全保障政策を担当する行政機関（主に外務省）が立案・運用することとされている。官僚機構には政策の一貫性と継続性を尊重するという特性があり、軍備管理を含め、過去の事例や行動を踏まえた保守的な思考や検討が常態化する傾向がある。軍備管理の制度は様々な条約や合意によって成り立っており、それらが国際社会のルールとなって一定の秩序をもたらしている。政府が国際秩序を尊重して対応することは当然であるが、国際社会の変化は非常に早く、既存の軍備管理条約や制度の規定が時代遅れになることもある。国内で起こる問題であれば、法律の一部改正を行うことによって対処できるが、一度成立して発効したグローバルな国際条約を修正することは事実上、不可能に近い。したがって、新しく浮上した軍備管理問題に対処していくためには新しいアプローチが求められ、柔軟な発想と思考が必要になる。

　とはいえ、何をどのように考えればいいのか、指針となる研究や書物があるわけではない。現実に起きている問題の原因や特質を的確に把握し、

おわりに（まとめと考察）

軍備管理専門家の知見なども参考にして、効果的で実現可能な方策を自分の頭で考え、それを実行していくほかない。ステロタイプの思い込みに注意し、サプライズが起こる可能性を常に念頭に置くことが重要であると思う（米国政府も軍備管理の専門家も、炭疽菌が手紙で郵送されてくるシナリオはまったく想定していなかった）。今後も解決困難な軍備管理課題が登場すると思われるが、悲観主義に陥らずにチャレンジに立ち向かうべきである。

文献紹介

　本書は、米欧と日本の専門家が執筆した安全保障と軍備管理をテーマとする書籍及び論文から得た情報と知識とがベースになっている。本書は学術論文ではないため、脚注の数は限定したが、かなりの量の文献を読み込んだ。軍備管理についてさらに詳しく知りたい方のために、日本語と英語の文献をいくつか紹介する。

【日本語の書籍・論文】
■国際政治と安全保障
　村田晃嗣・君塚直隆・石川卓・栗栖薫子・秋山信将著『国際政治学をつかむ 新版』有斐閣、2015年。
　武田康裕・神谷万丈、防衛大学校安全保障学研究会編『安全保障学入門』亜紀書房、2009年。
　武田康裕、防衛大学校安全保障学研究会編『安全保障のポイントがよくわかる本—"安全"と"脅威"のメカニズム』亜紀書房、2007年。

■軍備管理全般
　外務省／軍縮不拡散・科学部編集『日本の軍縮・不拡散外交』2016年。
　日本軍縮学会編『軍縮辞典』信山社、2015年。
　黒澤満編著『軍縮問題入門』東信堂、2012年。

■核兵器の軍備管理
　浅田正彦・戸崎洋史編『核軍縮不拡散の法と政治—黒澤満先生退職記念』信山社、2008年。
　秋山信将編・西田充・戸崎洋史・樋川和子・川崎哲・土岐雅子『NPT—核のグローバル・ガバナンス』岩波書店、2015年。
　岩田修一郎『核拡散の論理—主権と国益をめぐる国家の攻防』勁草書房、2010年。

■化学兵器の軍備管理
　ジョナサン・B・タッカー著／内山常雄訳『神経ガス戦争の世界史—第

一次世界大戦からアル=カーイダまで』みすず書房、2008年。
　浅田正彦「化学兵器禁止条約と申立て査察（チャレンジ査察）—意義と限界」『国際問題』529号、2004年4月。
■生物兵器の軍備管理
　杉島正秋編『バイオテロの包括的研究』朝日大学法制研究所、2003年。
　古川勝久「生物兵器テロ防止のための諸外国の科学技術界の取り組み」『国際情勢』79号、2009年。
　天野修司「バイオセキュリティを巡る国際動向の変化—リスクに応じた管理体制の整備に向けて」『国際安全保障』155号、2012年6月。
■弾道ミサイルの軍備管理
　森本敏編『ミサイル防衛—新しい国際安全保障の構図』日本国際問題研究所、2002年。
　外務省「弾道ミサイル拡散問題への対処—国際行動規範をつくりミサイルの拡散防止に努める」『時の動き』1042号、2001年。
■通常兵器の軍備管理
　加藤朗『兵器の歴史』芙蓉書房出版、2008年。
　佐藤丙午「通常兵器の軍備管理・軍縮」『海外事情』56号、2008年9月。
　榎本珠良「武器貿易条約（ATT）交渉における対立・摩擦と条約構想の限界」『軍縮研究』5号、2014年7月。
■宇宙の軍備管理
　日本国際問題研究所／軍縮・不拡散促進センター『「新たな宇宙環境と軍備管理を含めた宇宙利用の規制」研究会報告書』、2010年3月。
　青木節子「宇宙兵器配置防止等をめざすロ中共同提案の検討」『国際情勢』80号、2010年2月。

【英語の書籍・雑誌】
　軍備管理に関する英語文献は非常に多く、枚挙にいとまがない。本書の着想を与えてくれた書物を2点だけ紹介しておく。
① Richard Dean Burns, ed., *Encyclopedia of Arms Control and Disarmament. 3 vols*, Scribner's, 1993.
　76人の専門家が執筆に参加した『軍備管理・軍縮百科事典』。軍備管理問題の幅の広さと奥行きの深さを知り、軍備管理の全体像を把握する作

業を始める契機になった。
② Thomas J. Craughwell, *The War Scientists: The Brains Behind Military Technologies of Destruction and Defence*, Pier 9, 2010.
科学者と戦争の関わりに対する私の問題関心を高め、軍備管理の各分野の概説(各論)とは別に、分析視角として総論を設けることを思いついた。軍備管理の英語論文は専門性が高く、細分化されている。米国のモントレー不拡散研究センター(CNS)の *The Nonproliferation Review* や米国軍備管理協会(ACA)の *Arms Control Today* などを読めば、様々な軍備管理問題に関してタイムリーな情報と論調を知ることができる。

あとがき

　本書の執筆は、防衛大学校で私が担当している講義のニーズがきっかけになっている。人文社会科学群・国際関係学科3年生の必修科目の中に「軍備管理論」があり、私は毎年15回にわたり軍備管理をテーマとした授業を行っている。講座を担当した当初は、自分が長年研究してきた核兵器や弾道ミサイルに関わる安全保障問題を中心に授業を行っていたが、将来の幹部自衛官になる学生は、軍備管理全般に関する幅広い知識を持つべきであると考え、化学兵器や生物兵器など、それまで専門的に研究したことのない分野も自分なりに勉強して授業で取り上げるようになった。軍備管理の分野に関しては、教科書として使える概説書が出版されていないため、私が作成したペーパーやレジュメを学生に配布していたが、すべての領域を包括的に扱った書物があれば、もっと効果的な講義ができると思った。

　もう一つの動機は、私の研究関心の変化である。30歳を過ぎて安全保障の研究者に転身したときは、何をどのように研究すればいいのか分からず、米国の核抑止戦略や核軍備管理など、自分の興味を引く問題に限定して我流で勉強を始めた。研究に飽きることはなかったが、特定の分野に埋没した結果、いつの間にか閉塞感を感じるようになった。防衛大学校の講義の必要もあり、「そもそも軍備管理とは何なのか」というような軍備管理研究の原点にある問題にも目を向け、初心に立ち戻って安全保障問題を幅広く勉強し直した。多数の文献を手当たり次第に読んだため、理解が散漫になったきらいはあるが、どの分野にも新鮮な興味を覚えた。

　教育と研究の積み重ねを追い風にして、軍備管理の概説書を執筆する計画を練ったが、本の価値と意義をどこに見出すかが定まらず、悩みの種となった。軍備管理の各領域に専門家がおられ、優れた書籍と論文が出版されている。それらを総括するだけでは、教育用の資料にはなっても、研究書としての価値はない。概論を執筆することの難しさと自分の力不足を痛感した。それでも知識の蓄積と模索的思考を続けているうちに、いくつかアイデアが浮かんだ。多数の分野を見比べながら気づいたことを取り入れ、

軍備管理の全体像を描くこと。「軍備管理の新パラダイムは何か」という自分の問題関心を、リサーチ・クウェスチョンとして追加すること。すべての軍備管理問題に通底する事実や問いかけを総論として括り、各論と別枠にすることなどである。

　努力と工夫を尽くした実感はあるが、それがどこまで結果に反映されているかは自分では判断できない。あまりに多くの分野を扱ったため、研究不足と知識不足が露呈している箇所も多いと案ずるが、類書の不存在が免罪符になることを期待して、この未熟な本を上梓することを決めた。

　最後に、私の拙い研究成果を初稿の段階で精読し、適切な指摘と貴重な助言を与えてくれた友人の加藤朗氏（桜美林大学）と、出版事情が厳しいなかで快諾していただいた芙蓉書房出版の平澤公裕氏に厚く御礼を申し上げます。

著者
岩田修一郎（いわた しゅういちろう）
1952年生まれ。早稲田大学政治経済学部卒業。外務省入省後、ハーバード大学大学院修士課程（東アジア研究）。その後、防衛研究所室長、同主任研究官などを経て、現在防衛大学校国際関係学科教授。
専門は国際政治学、軍備管理論、アメリカの安全保障政策。
著書に『核拡散の論理』（勁草書房）、『核戦略と核軍備管理』（日本国際問題研究所）、『大量破壊兵器不拡散の国際政治学』（共著、有信堂高文社）などがある。

21世紀の軍備管理論

2016年 9月20日　第1刷発行

著 者
岩田修一郎
（いわた しゅういちろう）

発行所
㈱芙蓉書房出版
（代表 平澤公裕）
〒113-0033東京都文京区本郷3-3-13
TEL 03-3813-4466　FAX 03-3813-4615
http://www.fuyoshobo.co.jp

印刷・製本／モリモト印刷

ISBN978-4-8295-0689-9

【芙蓉書房出版の本】

米海軍から見た太平洋戦争情報戦
ハワイ無線暗号解読機関長と太平洋艦隊情報参謀の活躍
谷光太郎著　本体 1,800円

ミッドウエー海戦で日本海軍敗戦の端緒を作ったハワイの無線暗号解読機関長ロシュフォート中佐、ニミッツ太平洋艦隊長官を支えた情報参謀レイトンの二人の「日本通」軍人を軸に、日本人には知られていない米国海軍情報機関の実像を生々しく描いたノンフィクション

軍用機製造の戦後史
戦後空白期から先進技術実証機まで
福永晶彦著　本体 2,000円

戦後日本における軍用機の開発・製造はどのように行われてきたか？　敗戦、占領政策により航空機産業は逆風下に置かれたが、そのような状況下で企業はイノベーションをどう図ってきたか。主要4社（富士重工業・新三菱重工業・川崎航空機工業・新明和工業）の事例を徹底分析。

アメリカの対中軍事戦略
エアシー・バトルの先にあるもの
アーロン・フリードバーグ著　平山茂敏監訳　本体 2,300円

アメリカを代表する国際政治学者が、中国に対する軍事戦略のオプションを詳しく解説した書 *Beyond Air-Sea Battle: The Debate Over US Military Strategy in Asia* の完訳版。米中の地政学的な対立と、中国が突きつけている「アクセス阻止・エリア拒否」（A2／AD）戦略の脅威を明らかにし、後手に回っている米国の対応や、今後の選択肢について具体的に言及。米中の軍事面での対峙を鮮やかに描き出しているのが本書の特徴。

現代の軍事戦略入門
陸海空からサイバー、核、宇宙まで
エリノア・スローン著　奥山真司・関根大助訳　本体 2,500円

冷戦後の軍事戦略理論の概要を軍種、戦力ごとに解説した入門書。コリン・グレイをはじめ戦略・戦争研究の大御所がこぞって絶賛した話題の本 *Modern Millitary Strategy: An Introduction* の完訳版。